もう余らせない！
おのこりスパイス
5種で リピ決定おかず

印度カリー子著

おのこりスパイス

とは??

〝おのこりスパイス〟とは、
数回だけ料理で使ったものの……
中身がたくさん余った状態で、
ほとんど存在を忘れられたまま
キッチンの隅っこにぽつんと残されたスパイスのこと。

例えば、ハンバーグのときにしか使わないナツメグ。
パンやケーキ作りにしか使わなかったシナモン。
ちょっと本格的なカレーに挑戦しようと意気込んで買った
ターメリック、クミン、コリアンダー。

使い切れずに
賞味期限を迎えてしまいがちな〝おのこりスパイス〟が
この本の主役です!

あなたのために
作った本です！

下記のチェックリストに心当たりはありませんか？
1つでも当てはまったら、この本があなたの助けになるはずです。

- ☑ スパイス初心者だけど、
  ちゃんとスパイスを使ってみたい！

- ☑ 決まった料理でしかスパイスを使えない。
  使い方や効果をイマイチ理解していない

- ☑ せっかくスパイスを買ったのに、
  気付くと賞味期限が過ぎてしまう

- ☑ スパイスカレーを作ってみたくて
  さまざまなスパイスをそろえたけど、
  残ったスパイスを家族から邪魔扱いされている

- ☑ スパイスは1本買うと使い切る自信がないので、
  料理のメニュー別に売られている
  シーズニングスパイスを買ってしまいがち

残すなんて、もったいない！
おのこりスパイス5選

実は、「数か月以上使っていないスパイスが家にある」という方が
多いといわれています。レシピでよく見かけるスパイスほど、
特定の料理でしか使えずに残りがち……。
あなたのキッチンの隅にも残っていませんか？

クミン
塩とのセット使いをまず覚えて。
和食や洋食のアクセントにも！
(→P14)

ナツメグ
肉の臭み消しだけじゃない！
クセになる魅惑のスパイス。
まったりした料理で実力発揮。
(→P30)

コリアンダー
クセが少なく、あらゆる料理に
爽やかさをプラスする万能スパイス。
(→P46)

シナモン
赤ワインやしょうゆなどを使う料理で
コクや深みをぐんとUPさせる！
(→P78)

ターメリック
煮込み料理や素材の下味に混ぜるなど、
加熱する料理で大活躍！
(→P62)

おのこりスパイスを
使いこなせるように♪

本書は、ただキッチンに残ったスパイスを使い切るだけではなく、
日常的にスパイスを使いこなせるようになるレシピ本です。

おのこりスパイス5種それぞれにスポットを当てて、
各スパイスの特性を活かした相性のいい食材や
調理法のメニューを紹介しています。

この本は、使いこなすうち、読者の方々に自然とスパイス料理のコツを
体得できるように構成しています。動画やSNSのレシピでは表現できない
本だからこそ伝えられる深い内容になっています。

スパイスは料理に香りをつけてくれるもの。
少しプラスするだけで劇的な変化が楽しめるので、作る楽しさ、
食べる楽しさを、より新鮮に感じることができると思います。

スパイス初心者の方でも楽しめるように、独特な香りを持つスパイスが
自然となじむ料理を意識しました。朝、昼、晩のごはんはもちろん、
お弁当にも活用できる、日常的にリピートしたくなるメニューです。
実は、私自身がこれから先も家族や大切な人たちに
日々作り続けたいと思っている、お気に入りレシピばかり！

今までたくさんのレシピを書いてきましたが、その中でも書けなかったようなことが、
本書にはギュッと詰まっています。簡単で、楽しくて、学べるレシピ本──。
現時点で、私の中で一番使い勝手のいい本になりました。
これまでスパイスの使い方がイマイチわからなかった人が、
本書を通して、スパイスをもっと好きになってくれることを願っています。

印度カリー子

おのこりスパイス
のお悩み
この本で解決できます！

日常的に使えない「おのこりスパイス」が家にある方々の
代表的なお悩みを集めました。お悩み別に本書の使い方をご提案♪

お悩み 1

3か月以上使っていないスパイスがあります。
でも使い方がわからない……。　　**解決**

塩などの基本調味料と同じように、
スパイスを扱えるようになります♪

あなたの家に残っているスパイスのきほん情報（P15、
P31、P47、P63、P79）を、まずチェックして！　**相性の
いい食材**やその**スパイスの得意分野**を知ったうえで、
実際にレシピを何品か作るうちに、どんなシーンで使
えばいいか、感覚的にわかるようになります。例えばク
ミンなら、〝こしょう〟と同じ感覚で使えます。本書のレ
シピを通して、使い慣れた調味料（塩、こしょう、七味な
ど）のように扱える状態を目指しましょう！

ハンバーグを作るときにしかナツメグを使いません。
レパートリーが少なくて、持てあましてしまいます……。

解決

ナツメグは餃子、グラタン、サラダなどにも使えます!

本書は、スパイス別に副菜からボリュームのある満足おかずまでバリエーション豊富にメニューを展開しています。ナツメグなら、餃子、グラタン、トマト煮込み、サラダなどにも加えて楽しめるんです。こんな使い方もあったのか! という発見を楽しみながら、スパイスおかずのレパートリーを一緒に増やしましょう。

スパイス料理は難しいイメージがあって、
ハードルが高いと感じています……。

解決

大丈夫! 初心者でもスパイス料理が楽しめる簡単レシピです。

本書はスパイス初心者や、料理が苦手な人でも簡単に作れるレシピを掲載しています。レンチンのレシピ、あえるだけのもの、包丁を使わないものなど、できるだけ簡単に作れるレシピにこだわりました。

お悩み 4

元気になりたいときこそ
スパイス料理を食べたいけど、
疲れていて作る気力が
残っていません……。

解決

気力と余裕があるとき、
まとめて〝つくりおき〟しよう！

休日や時間に余裕がある日に、まと
めてつくりおきしましょう。本書は**全メ
ニューつくりおきOK**。レシピページ
の保存期間を目安に冷蔵・冷凍保
存しておけば、忙しい日のお弁当や
夜遅く帰宅した日の夕飯に、スパイ
スたっぷりのごはんが食べられます。
保存しても、スパイスの香りがなくな
るわけではないので、美味しく食べ
られますよ！

夜遅く
帰宅した日の
夕飯に！

→

→

お弁当に！

お悩み 5

スパイス料理を作ると、味がぼやけてしまいがち……。

スパイス料理の
味の決め手は「塩」！

解決

スパイスそのものに塩気はないため、**味を左右するのは「塩」**です。
物足りないと感じたら、塩の量を調整して。本書では自然塩（海水塩・
粗塩）を使っていますが、普段から使っている塩でOKです！　私は
スパイスの計量によく使う小さじ¼のスプーンを愛用しています。本書
にも出てくる小さじ⅛などの少量もしっかり量れるので、小さじ1以下
まで量れる計量スプーンがご家庭に1つあると、便利ですよ。

本書の使い方

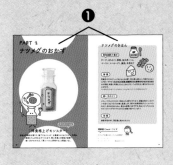

甘いソースが絡んだチキンが、口の中でジュワッと広がります

ハニーマスタードチキン ❷

`フライパン1つ` `お弁当` `おつまみ`

❸ **材料（2人分）**

鶏もも肉（ひと口大に切る）······1枚（250g）
塩······小さじ¼
ナツメグ······小さじ¼
A | 粒マスタード、はちみつ······各大さじ1
　 | しょうゆ······小さじ1

作り方 ❹

1. 鶏肉に塩とナツメグをまんべんなく振る。

   鶏肉にナツメグを振ることで、肉に旨みがすくす!

2. フライパンを中火にかけ、1を皮目を下にして並べ、2分ほど焼く。ひっくり返して、弱火にし、ふたをして8分ほど蒸し焼きにする。

3. ふたを開けてAを加えて混ぜ、中火にして優しいとろみがつくまで煮詰める。

34

❺ **MEMO**

から揚げ用の鶏肉を買えば、切る手間がなくて、「よりラクに作れます♪」

保存の目安
冷蔵：3日
冷凍：1か月 ❻

---

❶ スパイスのきほん

1～5章の最初のページ（右ページ）に各スパイスを攻略するためのきほんの情報をまとめました。スパイスを使いこなすための第一歩はこのページから♪

❷ タグ

メニュー選びに悩んだら、調理法やおすすめシーンなどのタグをチェック!

❸ 材料

効率よく作ってもらうため、材料欄に（材料の切り方）を記載しています。

※野菜を「洗う」「皮をむく」などは基本的に省略

❹ 作り方

大事なポイントは、作り方の工程ごとに吹き出しで入れました。

❺ MEMO

カリー子からのワンポイントアドバイスやおすすめポイント、代用できる食材などを紹介しています。

❻ 保存の目安

食べ切れず、つくりおきにする場合の保存期間の目安を冷蔵・冷凍別に記載しました。保存状態によって変わるため、おいしいうちに食べ切ってください。

おのこりスパイス ＆
おかずの保存方法

スパイスと、スパイスおかずをつくりおきする場合の保存の注意点をまとめました。

スパイスの保存容器

基本的に購入したときの容器で保存することができます。もし、スパイスを移し替える場合は、必ず密閉できるものを使いましょう。シリカゲルなどの除湿剤を入れておくと、よりいいです。口の広さは、小さじが入る程度のものだと使い勝手がよくなります。

スパイスの保存場所 NG例

スパイスの保存場所は、常温で、直射日光の当たらない棚がベスト。下記3つのNG例を参考に保存場所を選んで。

NG ①　直射日光が当たる
スパイスが退色したり、高温により香りが飛んだりする可能性があります。
例／窓辺や日が当たる棚、強い光が当たる場所など

NG ②　高温になる家電や火のそば
香りは揮発成分なので、高温になると飛んでしまいます。
例／冷蔵庫の上やレンジの近く、ガスコンロの横、炊飯器の蒸気が当たる場所など

NG ③　湿気が多いところ
スパイスはもともと植物なので、カビや虫が発生することがあります。
例／水回りの近くなど（蒸気が立つ鍋に直接振りかけるのはNG）

おかずの保存について

つくりおきする場合は、琺瑯（ほうろう）、プラスチック製密閉容器、保存用袋などを選びましょう。容器は煮沸消毒するか、アルコール製剤（食品用や調理道具用・左写真）を吹きかけ、自然乾燥させて使用します。ターメリックは色が移りやすいので、冷蔵・冷凍ともに可能で安価なプラスチック製を、専用容器に決めてしまうのが得策！

目次

2	おのこりスパイスとは？？
3	あなたのために作った本です！
4	おのこりスパイス5選
5	おのこりスパイスを使いこなせるように♪
6	おのこりスパイスのお悩み この本で解決できます！
9	本書の使い方
10	おのこりスパイス＆おかずの保存方法

PART 1
クミンのおかず

15	クミンのきほん
16	ピーマンの豚肉チーズ巻き
18	手羽先の塩クミン焼き
19	蒸し鶏キャベツのクミンごまあえ
20	牛肉とニラの塩クミン炒め
21	羊肉のクミン焼き
22	チリコンカン
24	刻みブロッコリーのクミン炒め
25	うま塩クミンキャベツ
26	レタスのクミン炒め
27	ちぎりアボカドのクミンあえ
28	クミンのグリル野菜

PART 2
ナツメグのおかず

31	ナツメグのきほん
32	チーズ in ハンバーグ バルサミコ酢ソースがけ
34	ハニーマスタードチキン
35	しいたけミートローフ
36	ハワイアンチーズ餃子
38	鶏手羽元のトマト煮込み
40	きのこと豆腐のみそグラタン
41	ブロッコリーのスクランブルエッグ
42	ほうれん草チーズ煮／季節のフルーツサラダ
44	ベーコンポテトサラダ

PART 3
コリアンダーの
おかず

47	コリアンダーのきほん
48	コリアンダー香るミートボール
50	塩レモンチキン
51	ほたてのバターソテー
52	白身魚とズッキーニの煮込み
54	クリームチーズサーモン／アボカドクリームサラダ
56	即席ピクルス
58	キャベツの甘酢漬け
59	かにかまセロリ
60	ツナと豆のマリネ

PART 4
ターメリックの
おかず

63	ターメリックのきほん
64	豚肉とかぶのターメリック炒め
66	ジンジャーチキン
67	鶏肉と白菜のスープ
68	スパイスさばじゃが／
	いわしととろり玉ねぎのレモン煮
70	牡蠣とほうれん草のターメリックソテー
72	たっぷりきのこスープ／
	レンズ豆のスープ
74	夏野菜の蒸し煮
76	冬野菜のタジン風

PART 5
シナモンのおかず

79	シナモンのきほん
80	ひとくちトンポーロー
82	ハニーマスタードポーク
83	鶏肉とさつまいもの甘辛煮
84	鶏肉としいたけの赤ワイン煮込み
86	かぼちゃと生ハムのサラダ／
	かぼちゃとトマトの無水煮込み
88	キャロットラペ
89	さつまいものシナモンソテー
90	シナモンミートパイ

PART 6
おのこりスパイス5種
大量消費カレー

95 スパイスカレーのきほん
96 梅干しチキンカレー／
　　ターメリックライス
98 即席バターチキンカレー
100 ほうれん草キーマカレー
102 野菜たっぷりスープカレー
104 簡単ポークビンダルー
105 えびとふわふわ卵のカレー
106 ほったらかしさばカレー
107 カリフラワーのドライカレー
108 ベジタブルコルマカレー
109 牛肉とパクチーのカレー

Column

29 Column① クミンパウダーの代わりにクミンシードでも代用できる？

45 Column② ナツメグちょい足しアレンジ
シーザーサラダ／コーンスープ

61 Column③ コリアンダーとパクチーは別物なの!?

77 Column④ ターメリックは二日酔いに効く!?
ターメリックラテ／ターメリックみそ汁

92 Column⑤ シナモンおやつ ベスト3
シナモンアップルパイ／焼きいもアイス／シナモンオレンジ

110 Column⑥ スパイスのぎもん Q＆A

この本のきまり
◆ 大さじ1は15mℓ、小さじは5mℓ、1合は180mℓです。
◆ 小さじ⅕＝1.2g、ひとつまみ＝小さじ⅛＝0.6g、少々＝0.4gです。
◆ 卵はMサイズを使用しています。
◆ 電子レンジは600Wを使用しています。500Wの場合は時間を1.2倍にしてください。
◆ 保存の際は、容器、菜箸、スプーンなど清潔なものをお使いください。
◆ 保存期間は目安です。調理環境、保存状態、季節によって異なりますので、なるべく早めに食べ切りましょう。
◆ 材料表の【飾り用】に記載したものは器に盛った後、お好みで加えてください。作り方では省略しています。

PART 1
クミンのおかず

「第二のこしょう」

世界中で料理に多用されるクミン。
和食であまり使われないため、この香りを嗅ぐと異国の雰囲気が感じられます。
〝こしょう〞のような感覚で、まずは塩とのセット使いを覚えて!

クミンのきほん

相性抜群の食材

塩、にんにく、ごま、ごま油、肉（特に豚肉、ラム、牛肉、脂身がある肉）など

特徴

インドを思わせるカレーのようなエスニックな香りで、その独特な風味は料理に使うと際立ちます。クミン自体の香りが強いため、香りの強い肉や香りのなじみをよくする脂（油）と合わせるのがおすすめです。逆に、鶏胸肉や白身魚などの淡泊な味の食材と合わせるとクミンの香りが勝ちすぎてしまい、食材の味を消してしまうので注意して。

使い方のコツ

油と合わさる炒め料理や焼き料理と相性抜群。こしょうをかけるイメージでクミンを使ってみましょう。かけすぎると苦味やえぐみが出てくるので注意（2人分の目安＝小さじ¼〜½）。ただし、開封直後に比べて、時間が経ってしまったスパイスは香り方がマイルドになるので、香りを嗅ぎながら調整してください。

効能

食欲増進など

理解度 Check！クイズ

クミンを振るなら、どっちの料理？

A　アスパラの豚肉巻き
B　ほっけの干物　　　答えは29ページへ

豚肉、ピーマン、チーズで噛むほどに食感の三重奏が楽しめます

ピーマンの豚肉チーズ巻き

（フライパン1つ）（お弁当）

材料（2人分）

豚バラ肉（薄切り）・・・・・・・・・ 8枚（約250g）
ピーマン（半分に切り、種をとる）・・・・・・ 4個
ピザ用チーズ・・・・・・・・・・・・・・・・・・・ 50g
クミンパウダー・・・・・・・・・・・・・・・ 小さじ1/2
【 たれ 】
A｜しょうゆ、みりん、酒・・・・・・・・各大さじ1

作り方

1 ―
ピーマンにピザ用チーズを詰め、
豚肉で巻く（a）。

2 ―
1を切り口を上にしてフライパンに並べ、
クミンを振りかけて、中火で2分ほど焼く。

> ひっくり返さなくてOK！
> 脂身が少ないときは油をひこう！

a

3 ―
ふたをして弱火にし、8分ほど蒸し焼きにする。
混ぜ合わせたAをかけて、汁けが少なくなるまで
煮詰める。

MEMO

焼いている途中でチーズが
こぼれないように、肉を広げ
て巻きましょう。

保存の目安
冷蔵5日
冷凍1か月

材料をもみ込んでオーブンで焼くだけの簡単おつまみ

手羽先の塩クミン焼き

（包丁いらず）（オーブンまかせ）（おつまみ）（お弁当）

材料（2人分）

鶏手羽先‥‥‥‥‥‥‥8〜10本（約500g）

A
| にんにく（すりおろす）‥‥‥‥1かけ
| ごま油、酒‥‥‥‥‥‥各大さじ1
| 塩、粗挽き黒こしょう‥‥‥各小さじ1
| **クミンパウダー**‥‥‥‥‥‥小さじ1

作り方

1　ポリ袋に手羽先とAを入れ、もみ込む。

2　220℃に予熱したオーブンで25分ほど焼く。

MEMO

包丁いらずの時短料理！ おつまみやお弁当のおかずにも、どうぞ。

保存の目安
冷蔵5日
冷凍1か月

ごまとクミンが誘うエスニックの世界

蒸し鶏キャベツのクミンごまあえ

(レンチン)(お弁当)(おつまみ)(ヘルシー)

材料（2人分）

鶏もも肉（ひと口大に切る）‥ 1枚（約250g）
キャベツ（ざく切り）‥‥‥‥‥‥‥‥200g
酒‥‥‥‥‥‥‥‥‥‥‥‥‥‥‥‥ 大さじ1
塩‥‥‥‥‥‥‥‥‥‥‥‥‥‥ 小さじ½
【 たれ 】

　　ポン酢じょうゆ‥‥‥‥‥‥‥‥ 大さじ1
　　白すりごま‥‥‥‥‥‥‥‥‥ 小さじ1
A
　　砂糖‥‥‥‥‥‥‥‥‥‥‥ 小さじ½
　　クミンパウダー‥‥‥‥‥‥ 小さじ½

作り方

1 耐熱容器に鶏肉と酒、塩を入れて
もみ込み、その上にキャベツをのせて
ふんわりラップをかけ、
電子レンジ（600W）で8分加熱する。

2 器に盛り、混ぜ合わせたAをかける。

MEMO
ポン酢の酸味と甘みが味の
決め手！

保存の目安
冷蔵5日
冷凍 ✕

19

シンプルな味付けだから、いろんな野菜で代用できます!

牛肉とニラの塩クミン炒め

(フライパン1つ)(お弁当)(おつまみ)

材料(2人分)

牛薄切り肉 ・・・・・・・・・・・・・・・・・・ 200g

ニラ(長さ3cmに切る) ・・・・・1束(約100g)

にんにく(すりおろす) ・・・・・・・・・・・1かけ

酒・・・・・・・・・・・・・・・・・・・・・・・ 大さじ1

塩、砂糖・・・・・・・・・・・・・・・・・ 各小さじ½

クミンパウダー・・・・・・・・・・・・・ 小さじ½

作り方

1　フライパンに牛肉とにんにくを入れ、塩と砂糖をまんべんなく振って中火で2分ほど炒める。

> 牛肉の脂身が少なければ、サラダ油を少しひこう!

2　牛肉の色が変わったらニラと酒、クミンパウダーを加えて1分ほど炒める。器に盛り、粗挽き黒こしょう適量(分量外)を振る。

MEMO

ニラの代わりに、春は菜の花、夏はピーマン、秋はきのこ類、冬はほうれん草なんていかが?

保存の目安
冷蔵5日
冷凍 ×

和風の味付けで食べやすく仕上げました。追いクミンもアリ!

羊肉のクミン焼き

(フライパン1つ) (包丁いらず) (おつまみ)

材料(2人分)

ラム肉(ジンギスカン用などの薄切り)
・・・・・・・・・・・・・・・・・・・ 250g
サラダ油 ・・・・・・・・・・・・・・・ 大さじ1
A | しょうゆ、酒、砂糖 ・・・・・・・ 各小さじ1
  | **クミンパウダー**・・・・・・・・・・・ 小さじ1
  | 塩 ・・・・・・・・・・・・・・・・・・ 小さじ¼

作り方

1 フライパンにサラダ油をひいて中火にかけ、ラム肉を入れて1分ほど炒める。

2 Aを加えて、さらに2分ほど汁けを飛ばしながら炒める。

ラム肉が苦手な人は、牛肉でアレンジして作ってね!
MEMO

保存の目安
冷蔵5日
冷凍1か月

アメリカ南部の郷土料理。野菜たっぷりで栄養満点の煮込み料理

チリコンカン

（フライパン1つ）（おつまみ）

材料（2人分）

合いびき肉 ・・・・・・・・・・・・・・・・・・・ 200g
ミックスビーンズ ・・・・・・・・・・・・・・ 100g
玉ねぎ（みじん切り）・・・・・・ 1/2個（100g）
にんじん（みじん切り）・・・・・ 1/2本（75g）
セロリ（みじん切り）・・・・・・・ 1/2本（60g）
にんにく（みじん切り）・・・・・・・・・ 1かけ
オリーブオイル ・・・・・・・・・・・・ 大さじ1

A
| 水・・・・・・・・・・・・・・・・・・・・・ 200mℓ
| カットトマト缶 ・・・・・・・ 1缶（400g）
| 小麦粉 ・・・・・・・・・・・・・・・・ 大さじ1
| 塩、砂糖・・・・・・・・・・・ 各小さじ1
| **クミンパウダー**・・・・・・・・・・・ 小さじ1
| こしょう ・・・・・・・・・・・・・・・ 小さじ1/4

【 飾り用 】
パセリ（生・みじん切り）・・・・・・・・・・適量

作り方

1 フライパンにオリーブオイルをひいて
中火にかけ、にんにくと玉ねぎ、
にんじん、セロリを入れ、
5分ほど炒める。

2 玉ねぎが飴色になったら
ひき肉を加え、2分ほど炒める。

3 弱火にしてAとミックスビーンズを
加えて混ぜ合わせ、
30分ほど煮込む。

より本格的な味を目指すなら、
MEMOをチェック！

4 汁けを飛ばしながら、
優しいとろみがつくまで煮詰める（a）。

a

MEMO

みじん切りはチョッパーを
使うと簡単＆時短になるよ！
本格的に仕上げるなら、3
で、パプリカパウダー小さじ
1/3、シナモン小さじ1/4、オレ
ガノ小さじ1/4、ナツメグ小さ
じ1/8を追加してみて。

保存の目安
冷蔵5日
冷凍1か月

にんにく×クミンで食欲UP！　ごはんやパスタとの相性も抜群です

刻みブロッコリーのクミン炒め

(フライパン1つ) (お弁当) (おつまみ)

材料（2人分）

ブロッコリー（厚さ5mmに刻む）
・・・・・・・・・・・・・・・・・・ 1個（約300g）
にんにく（すりおろす）・・・・・・・・・ 1かけ
オリーブオイル ・・・・・・・・・・・・ 大さじ1
クミンパウダー・・・・・・・・・・・・ 小さじ½
塩・・・・・・・・・・・・・・・・・・・ 小さじ¼

作り方

1 フライパンにオリーブオイルをひいて
にんにくを入れ、中火にかける。

2 香りが立ってきたら
ブロッコリーと塩、クミンパウダーを加え、
ブロッコリーがしんなりするまで
3分ほど炒める。

MEMO

にんにくはチューブでも代用
できますが、香り豊かな生が
おすすめです。

保存の目安
冷蔵5日
冷凍1か月

付け合わせに最適！ 保存もできる万能メニュー

うま塩クミンキャベツ

（あえるだけ）（おつまみ）

材料（2人分）

キャベツ（ざく切り）・・・・・・・・・・・・・ 400g
にんにく（すりおろす）・・・・・・・・・・ ½かけ
サラダ油 ・・・・・・・・・・・・・・・・・・・ 大さじ1
白いりごま、鶏ガラスープの素（粉末）、酢
・・・・・・・・・・・・・・・・・・・・・・・ 各小さじ1
塩・・・・・・・・・・・・・・・・・・・・・・・ 小さじ½
クミンパウダー・・・・・・・・・・・・・・ 小さじ½

作り方

1 ポリ袋や保存袋に全ての
材料を入れ、よくもみ合わせる。

MEMO
密閉できる保存袋で作れ
ば、そのまま冷蔵庫に入れて
保存できるよ。

保存の目安
冷蔵5日
冷凍1か月

シンプルな炒めものには、こしょうの代わりにクミンを定番に！

レタスのクミン炒め

(フライパン1つ) (おつまみ) (ヘルシー)

材料（2人分）

レタス（ざく切り）‥‥‥‥‥ ½個（200g）
サラダ油 ‥‥‥‥‥‥‥‥‥‥ 大さじ1
塩、砂糖‥‥‥‥‥‥‥‥‥‥ 各小さじ¼
クミンパウダー‥‥‥‥‥‥‥ 小さじ¼

作り方

1 フライパンにサラダ油をひいて
中火にかけ、全ての材料を入れ、
30秒ほど炒める。
レタスが少ししんなりしてきたら、器に盛り、
お好みで仕上げに
クミンパウダー少々（分量外）を振る。

MEMO

野菜単品の塩炒めには、塩と同量の砂糖を入れるのがコクをUPさせる黄金比率！

保存の目安
冷蔵1日
冷凍 ✕

白いごはんにのっけて丼にしても、晩酌のお供にしても◎!

ちぎりアボカドのクミンあえ

(あえるだけ) (包丁いらず) (おつまみ)

材料(2人分)

アボカド(手でひと口大にちぎる)・・・・・1個
にんにく、しょうが(すりおろす)
・・・・・・・・・・・・・・・・・・・各¼かけ
しょうゆ ・・・・・・・・・・・・・・・・・ 小さじ2
砂糖、ごま油 ・・・・・・・・・・・・ 各小さじ1
白いりごま ・・・・・・・・・・・・・・ 小さじ½
クミンパウダー・・・・・・・・・・・・ 小さじ¼

作り方

1 ポリ袋や保存袋に全ての材料を入れ、
よく混ぜ合わせる。

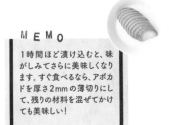

MEMO

1時間ほど漬け込むと、味がしみてさらに美味しくなります。すぐ食べるなら、アボカドを厚さ2mmの薄切りにして、残りの材料を混ぜてかけても美味しい!

保存の目安
冷蔵2日
冷凍 ✕

時間がないけれど
野菜をたくさん食べたいときはこれ!

クミンのグリル野菜

（オーブンまかせ）（おつまみ）（ヘルシー）

材料（2人分）

好みの野菜（なす、じゃがいも、オクラ、
　　パプリカなど）・・・・・・・・・・・・・・・ 約500g

A
オリーブオイル ・・・・・・・・・・・・・ 大さじ2
塩・・・・・・・・・・・・・・・・・・・ 小さじ½
クミンパウダー・・・・・・・・・・・・・ 小さじ½

作り方

1　オクラ以外の野菜は1cmの厚さに切り、
　　Aと一緒にポリ袋に入れ、混ぜ合わせる。

2　220℃に予熱したオーブンで
　　20分ほど焼く。

MEMO

かぼちゃやにんじんなど好き
な野菜に替えて、試してみ
て!

保存の目安
冷蔵5日
冷凍 ✕

クミンパウダーの代わりに クミンシードでも代用できる？

基本的にはクミン（パウダー）をそのまま
シードに置き換えて使うことはできません。
スパイスは、パウダーとシードでは、香りの強さや立ち方が全く違うからです。
クミンシードを原形のまま使用すると、苦味やえぐみが出てしまうため、
どうしてもシードを使いたい場合は、ひと工夫が必要です。
下記①か②の方法を試してみて♪

① パウダー状に 変えよう！

スパイスミルやすり鉢を使って、パウダー状にします。または、シードをラップで包み、包丁の背などで粉々に砕いてもOK。苦味やえぐみが出やすいので、ごく細かく砕きましょう。

② 加熱してから、 粗く刻もう！

フライパンで乾煎りし、茶色く色づいたシードを粗く刻んでもOKです。フライパンで乾煎りすることで、苦味やえぐみを和らげることができるので、粗いみじん切りの状態でも使えるようになります。

※注意点
ただし、この方法で作るクミンパウダーは、もともとパウダーで販売されているものよりも香りが強くなるため、レシピの分量通りに使うと、香りが強く残りすぎることがあります。少量から様子を見つつ加えるようにしてください。

P15 理解度 Check！クイズの答え
A　アスパラの豚肉巻き

解説　クミンは脂身の多い肉（豚肉）と相性がいいから。ほっけに振るなら、魚と相性がよいターメリックがおすすめ！

PART 2
ナツメグのおかず

キャッチフレーズは

「洋食格上げモンスター」

独特の官能的な香りで、魅了するナツメグ。少量振りかけるだけでも、料理の
風味をぐんと引き上げてくれます。特に洋食との相性が抜群！
使い方がわかれば、1軍スパイスに昇格すること間違いなし。

ナツメグのきほん

相性抜群の食材

チーズ、はちみつ、果物、加工肉（ハム、
ベーコン、ソーセージ）、豚肉、牛肉など

特　徴

官能的でアロマティックなクセになる香り。肉の臭み消しとして紹介されることが多いですが、まったりした料理、燻製肉などに独特のアクセントをつけるのが得意。料理に洋酒を入れたときのような、ぐっと引き立つ香りがやみつきになります。

※中毒症状を引き起こすことがあるので、1日3g（約小さじ2）以上の摂取はやめよう！

使い方のコツ

シチューやオムライスなど、洋食に少し振りかけてみて。家庭の味が、レストランで出てくるようなプロの味に変身します。香りが比較的飛びにくいスパイスなので、炒めものはもちろん、煮込み料理にもおすすめ。私は、ヨーグルトにはちみつとナツメグをかけたものをよく朝食で食べています♪

効　能

健胃作用があり、漢方薬に使われることも

理解度 Check！クイズ

ナツメグを振るなら、どっちの料理？

A　ペペロンチーノ

B　カルボナーラ　　　答えは45ページへ

ナツメグのほのかな苦味とバルサミコの酸味がマッチ

チーズ in ハンバーグ
バルサミコ酢ソースがけ

（フライパン1つ）（お弁当）（グルテンフリー）

材料（2人分）

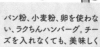

A
- 合いびき肉 ・・・・・・・・・・・・・・・・・ 250g
- 玉ねぎ（みじん切り）・・・・・・・・ ¼個（50g）
- にんにく（すりおろす）・・・・・・・・・・1かけ
- 塩、こしょう ・・・・・・・・・・・・・ 各小さじ¼
- **ナツメグ**・・・・・・・・・・・・・・・・・ 小さじ¼

クリームチーズ ・・・・・1個（18g・4等分にする）

【 ソース 】

B
- バルサミコ酢 ・・・・・・・・・・・・・・・ 大さじ2
- 赤ワイン、しょうゆ、はちみつ ・・ 各小さじ2

【 飾り用 】

ベビーリーフ ・・・・・・・・・・・・・・・・・・・・・・適量

> **MEMO**
> パン粉、小麦粉、卵を使わない、ラクちんハンバーグ。チーズを入れなくても、美味しくできるよ！

保存の目安
冷蔵5日
冷凍1か月

作り方

1　Aをボウルに入れてよくこね、4つに分ける。
　　肉だねの中心にクリームチーズを
　　1かけずつ入れ（a）、丸く成形する。

> 脂身が少ないひき肉の場合は、
> サラダ油を少しひこう

a

2　フライパンに1を並べ、中火にかけ、触らず1分ほど焼く。
　　ふたをして弱火にし、さらに8分ほど焼く。
　　ひっくり返し、再度ふたをして5分ほど焼く。

3　Bを加えて混ぜ、
　　中火にして半量になるまで煮詰める。
　　器にハンバーグを並べてソースを回しかける。

33

甘いソースが絡んだチキンが、口の中でジュワッと広がります

ハニーマスタードチキン

(フライパン1つ) (お弁当) (おつまみ)

材料（2人分）

鶏もも肉（ひと口大に切る）・・・ 1枚（250g）
塩・・・・・・・・・・・・・・・・・・・ 小さじ¼
ナツメグ ・・・・・・・・・・・・・ 小さじ¼
A | 粒マスタード、はちみつ ・・・ 各大さじ1
　 | しょうゆ ・・・・・・・・・・・・・ 小さじ1

作り方

1 鶏肉に塩とナツメグを
まんべんなく振る。

> 焼く前にナツメグを振ることで、
> 肉に絡みやすくなるよ

2 フライパンを中火にかけ、
1を皮目を下にして並べ、2分ほど焼く。
ひっくり返して、弱火にし、
ふたをして8分ほど蒸し焼きにする。

3 ふたを開けてAを加えて混ぜ、中火にして
優しいとろみがつくまで煮詰める。

M E M O
から揚げ用の鶏肉を買え
ば、包丁いらず♪

保存の目安
冷蔵5日
冷凍1か月

油を使わない！　しいたけたっぷりヘルシーおかず

しいたけミートローフ

(オーブンまかせ) (お弁当) (ヘルシー) (グルテンフリー)

材料（2人分）

豚ひき肉	200g
しいたけ（みじん切り）	4個（約80g）
卵	1個
にんにく、しょうが（すりおろす）	各1かけ
塩、こしょう	各小さじ½
ナツメグ	小さじ¼

【 飾り用 】

パセリ（乾燥）	適量

みじん切りはチョッパーを使うと時短！

保存の目安
冷蔵5日
冷凍1か月

作り方

1　ボウルに全ての材料を入れ、
　　よく混ぜ合わせて、グラタン皿に敷き詰める。

2　200℃に予熱したオーブンで
　　25分ほど焼く。

MEMO

粉類を使わずに作れるので、簡単。しいたけの代わりに、マッシュルームやしめじ、エリンギでもOK！　お好みでマスタードをつけて食べても美味しいですよ！

おやつ感覚でパクパク♪　女子に人気の変わり種餃子!

ハワイアンチーズ餃子

(おつまみ)(ヘルシー)

材料(2人分)

餃子の皮	･･････････････････････････････	10枚

A
- ロースハム(1cm角に切る) ･･････････････････ 4枚
- パイナップル(1cm角に切る) ･･･････････ 4かけ(約60g)
- スライスチーズ(1cm角に切る・ピザ用チーズでも可)･･･ 2枚
- **ナツメグ** ･･･････････････････････････････ 小さじ1/8

水 ･･ 100mℓ
サラダ油 ･･･････････････････････････････････ 大さじ1

作り方

1　ボウルにAを入れて、よく混ぜ合わせ、
　10等分して餃子の皮で包む(a)。

2　フライパンに1を並べ、水とサラダ油を入れて
　中火にかける。沸騰したらふたをして、
　汁けがなくなるまで、3分ほど蒸し焼きにする。

3　弱火にして2分ほどしたら、ふたを開けて、
　水分が飛ぶまで焼き上げる。

a

MEMO

ハムの代わりにベーコンや
ソーセージの薄切りでもOK。
パイナップルは生でも缶詰で
も大丈夫!　バナナやりんご
でも美味しくできるよ♪

保存の目安
冷蔵3日
冷凍 ✕

37

ごはんやパンと一緒に食べても美味しい!

鶏手羽元のトマト煮込み

（フライパン1つ）（お弁当）（おもてなし）

材料（2人分）

鶏手羽元 ・・・・・・・・・・・・・・・・・・・・・・・・・ 6本
玉ねぎ（厚さ2mmの薄切り）・・・・ ½個（約100g）
にんにく（すりおろす）・・・・・・・・・・・・・・・ 1かけ
カットトマト缶 ・・・・・・・・・・・・・・・・・ 1缶（400g）
白ワイン・・・・・・・・・・・・・・・・・・・・・・・・・ 50㎖
ピザ用チーズ ・・・・・・・・・・・・・・・・・・・・・ 30g
オリーブオイル ・・・・・・・・・・・・・・・・・・ 大さじ1
塩、こしょう ・・・・・・・・・・・・・・・・・・ 各小さじ½
ナツメグ ・・・・・・・・・・・・・・・・・・・・ 小さじ¼

作り方

1 フライパンにオリーブオイルをひいて中火にかけ、
  玉ねぎとにんにくを入れ、
  玉ねぎが飴色になるまで炒める（a）。

a

2 鶏手羽元と塩、こしょう、ナツメグを加え、
  2分ほど炒め合わせる。

  ナツメグと肉は一緒に炒めることで、
  絡みやすくなる

3 白ワインとトマト缶を加え、30分ほど弱火で煮る。

  焦げないように、ときどきかき混ぜよう

4 チーズを加えてふたをし、2分ほど煮込み、
  チーズが溶けたら全体を軽く混ぜ合わせる。
  器に盛り、お好みで仕上げにナツメグ少々（分量外）を振る。

ＭＥＭＯ

オレガノやタイム（小さじ¼）、
ローリエ（1枚）があれば、3
で一緒に加えて煮込むと、香
りがより豊かに!

保存の目安
冷蔵5日
冷凍1か月

ツナ缶は水煮でも、オイル漬け
でもお好みでどうぞ

きのこと豆腐の
みそグラタン

（オーブンまかせ）（ヘルシー）

材料（2人分）

絹ごし豆腐（水けをきる）‥‥‥‥ 150g
みそ‥‥‥‥‥‥‥‥‥‥‥‥‥‥ 大さじ1
小麦粉‥‥‥‥‥‥‥‥‥‥‥‥‥ 小さじ1

A
ツナ缶（汁けをきる）‥‥ 1缶（約70g）
ぶなしめじ（粗みじん切り）
‥‥‥‥‥‥‥‥ 1/2 パック（約100g）
玉ねぎ（みじん切り）‥‥ 1/4 個（約50g）
塩‥‥‥‥‥‥‥‥‥‥‥ 小さじ 1/4
ナツメグ‥‥‥‥‥‥‥‥ 小さじ 1/8

ピザ用チーズ‥‥‥‥‥‥‥‥‥ 40g

作り方

1 ボウルに豆腐とみそを入れて混ぜ合わせ、
小麦粉を加え、泡立て器などで
なめらかになるまでよく混ぜる（a）。

ここでよく混ぜておくことで、舌触りがよくなる

2 耐熱容器にAを入れ、ラップをせずに
電子レンジ（600W）で5分加熱する。
汁けがなくなるまで、
蒸気を飛ばしながらよく混ぜる。

3 2の上に1をのせ、その上にチーズを
かけたら、220℃に予熱したオーブンで
15分ほど焼いて、焼き目をつける。

a

保存の目安
冷蔵5日
冷凍 ✕

40

甘めに味付けた卵とナツメグが相性抜群!

ブロッコリーのスクランブルエッグ お弁当 ヘルシー

材料（2人分）

ブロッコリー（小房に分け、縦半分に切る）
・・・・・・・・・・・・・・・・・・ ⅓個（約100g）
塩 ・・・・・・・・・・・・・・・・・・・ 少々（約0.4g）
バター ・・・・・・・・・・・・・・・・・・・・・ 10g
A {
卵 ・・・・・・・・・・・・・・・・・・・・・・ 2個
牛乳 ・・・・・・・・・・・・・・・・・・・ 大さじ1
みりん ・・・・・・・・・・・・・・・・・ 小さじ1
塩 ・・・・・・・・・・・・・・・・・ 少々（約0.4g）
}
ナツメグ ・・・・・・・・・・・・・・・ 小さじ⅛

MEMO
塩は、ほんのひとつまみで
OK！ しょっぱくなりやすい
ので注意。

保存の目安
冷蔵3日
冷凍 ✕

作り方

1 ブロッコリーは耐熱容器に入れて塩を振り、
ふんわりラップをかけて、
電子レンジ（600W）で3分ほど加熱する。

2 フライパンにバターを入れて中火にかけ、
よくかき混ぜた**A**を流し入れ、10秒ほど
触らずに待つ。大きくかき混ぜたら
さらに10秒ほど待ち、周りが固まり
始めたら再び大きくかき混ぜて、
完全に固まる前に火を止める。

3 1を加え、軽く混ぜ合わせる。
器に盛り、ナツメグを振る。

ナツメグを加えることで、ちょっとリッチな仕上がりに

ほうれん草チーズ煮 （フライパン1つ）（おつまみ）

材料（2人分）

ほうれん草（長さ3cmに切る）‥1束（200g）
バター ‥‥‥‥‥‥‥‥‥‥‥10g
粉チーズ ‥‥‥‥‥‥‥‥‥大さじ1
塩‥‥‥‥‥‥‥‥‥‥‥‥小さじ⅛
ナツメグ ‥‥‥‥‥‥‥‥小さじ⅛

作り方

1 ボウルに水を入れ、ほうれん草を
10分ほど浸してアクをとる。

> サラダほうれん草や
> 冷凍ほうれん草を使う場合、
> 下処理はカット！

MEMO

シンプルだからこそ、ナツメグ
がどんな風味なのか、よくわ
かる料理です。

2 フライパンにバターを入れて中火にかけ、
バターが溶け始めたら、ほうれん草の茎、
塩を入れて、30秒ほど炒める。

3 ほうれん草の葉を加え、
さらに1分ほど炒めたら
火を止め、粉チーズを加えてさっと混ぜる。
器に盛り、ナツメグを振る。

保存の目安
冷蔵3日
冷凍 ✕

果物とナツメグは相性が抜群です。好きなフルーツで作ってみて

季節のフルーツサラダ （あえるだけ）（おもてなし）

材料（2人分）

生ハム（ひと口大に切る）‥‥‥‥‥10枚
いちご（縦4つに切る）‥‥‥‥‥‥5個
ベビーリーフ ‥‥‥‥‥‥‥‥‥適量
　｜オリーブオイル、酢 ‥‥‥各大さじ1
A｜砂糖‥‥‥‥‥‥‥‥‥‥小さじ1
　｜塩‥‥‥‥‥‥‥‥‥‥小さじ⅛
ナツメグ ‥‥‥‥‥‥‥‥小さじ⅛

作り方

1 器に生ハムといちご、ベビーリーフを盛り、
混ぜ合わせたAをかける。
仕上げにナツメグを振る。

保存の目安
冷蔵1日
冷凍 ✕

風味豊かな
ちょっぴり大人のポテトサラダ

ベーコンポテトサラダ

（お弁当）（おつまみ）（おもてなし）

材料（2人分）

じゃがいも（皮をむき、3cmの角切り）
・・・・・・・・・・・・・・・・・・・・・・・ 2個（300g）
ベーコン（厚さ7mmに切る）・・・・・・・ 100g

A
| 玉ねぎ（厚さ1mmの薄切り）
| ・・・・・・・・・・・・・・・・・・ 1/4個（50g）
| マヨネーズ ・・・・・・・・・・・・・・ 大さじ3
| 酢・・・・・・・・・・・・・・・・・・・・ 小さじ2
| 粗挽き黒こしょう・・・・・・・・・・・ 小さじ1/2
| 塩 ・・・・・・・・・・・・・・・・・・・ 小さじ1/4
ナツメグ ・・・・・・・・・・・・・・・・ 小さじ1/8

【 飾り用 】
パセリ（生・みじん切り）・・・・・・・・・・ 適量

作り方

1　じゃがいもは耐熱容器に入れて
　ふんわりラップをかけ、
　フォークで簡単につぶれるまで
　電子レンジ（600W）で6分ほど加熱する。

2　1が熱いうちにAを加え、
　よく混ぜ合わせる。

　じゃがいもの水分が少なくパサつく場合、
　牛乳大さじ1〜2（分量外）を加えて、
　なめらかにする

3　フライパンを中火にかけて
　ナツメグを振ったベーコンを入れ、
　軽く焦げ目がつくまで焼く。
　2に加えて混ぜ合わせる。

MEMO

ベーコンにだけナツメグを振ることで、味にメリハリがつきます。

保存の目安
冷蔵5日
冷凍 ✕

Column ②

ナツメグちょい足しアレンジ

私がよく食べている、ナツメグちょい足しアレンジを2つご紹介！
どちらも、振りかける前より、ぐっとレベルアップした味わいになるので、
ぜひ試してみて。それぞれひとつまみで十分香ります！

シーザーサラダ	コーンスープ
×	×
ナツメグ	**ナツメグ**

チーズとナツメグの相性は抜群！
チーズを見たらナツメグ、と覚えて
おくと、ナツメグは頻繁に使えるスパイスになりますよ。例えば、シーザードレッシングにはチーズが使われているのでよく合います。白いタイプのフレンチドレッシングにもよいですね！

ナツメグは、濃厚なとろみのあるスープによく合います。お湯を注ぐだけの粉末のコーンスープやポタージュスープなどに、ちょっと足して朝ごはん代わりにしてもよし！ クリームシチューやクラムチャウダーなどの料理にちょっと振っても美味しいですよ！

P31 理解度 Check！クイズの答え
B　カルボナーラ
解説　ナツメグはチーズやベーコンと相性がいいから。ペペロンチーノに振るなら、にんにくと合わせてクミンがおすすめ！

PART 3
コリアンダーのおかず

コリアンダー

キャッチフレーズは

「爽やかブースター」

本書で紹介する、おのこりスパイスの中で一番クセが少なく、
あらゆる料理に爽やかさをほどよくプラスしてくれる、
初心者でも使いやすい万能スパイスです。

コリアンダーのきほん

相性抜群の食材

酸味のある食材（トマト、レモンなど）、淡泊な肉や魚、
ヨーグルト、マヨネーズ、酢など

特 徴

パクチーの英名はコリアンダーですが、パクチーのような強いクセのある香り
はないので、心配ご無用。むしろクセが少ないため、使い勝手もよく、料理に
少しかけるだけで爽やかな香りをプラス。多少かけすぎても大丈夫！

使い方のコツ

「サラダといったらコリアンダー」「マリネといったらコリアンダー」これさえ覚え
ておけば、レモンやハーブと同じ感覚で使えるようになります。トマト系の食材
を使うナポリタンやマルゲリータ、鶏肉料理や白身魚を使った料理などにサ
サッと振りかけてもOK。また、から揚げやポテトのような揚げものに、レモンの
代わりに振りかけても美味しいですよ♪

効 能

整腸作用など

理解度 Check！クイズ

コリアンダーを振るなら、どっちの料理？

A　コールスロー

B　ぬか漬け　　　　　答えは61ページへ

パン粉や卵を使わないで作る簡単アレンジ

コリアンダー香るミートボール

（お弁当）（おつまみ）（グルテンフリー）

材料（2人分）

A	豚ひき肉	300g
	にんにく（すりおろす）	1かけ
	コリアンダー	大さじ1
	粗挽き黒こしょう	小さじ½
	塩	小さじ¼

【ソース】

B	トマトケチャップ	大さじ6
	砂糖	小さじ1
	塩	小さじ¼

M E M O

カリー子おすすめのトマトケ
チャップは「ハインツ」！

作り方

1 Aをボウルに入れてよく混ぜ、
12個のだんご状にまとめる。

2 フライパンに1を並べて中火にかけ、
1分ほど焼いたらふたをして、
弱火で7分ほど蒸し焼きにする（a）。
肉だんごは崩れやすいので、
ここでは触らないようにする。

ひき肉の脂身が少なければ、
サラダ油を少しひこう！

a

3 肉だんごを優しくひっくり返し、
Bを加えて煮詰める。

保存の目安
冷蔵5日
冷凍1か月

49

レモンとコリアンダーが爽快！ 大人の即席おつまみにも◎

塩レモンチキン

(フライパン1つ) (お弁当) (おつまみ)

材料（2人分）

鶏もも肉（ひと口大に切る）‥1枚（約250g）
オリーブオイル ・・・・・・・・・・・・・・・ 大さじ1
塩・・・・・・・・・・・・・・・・・・・・・・・ 小さじ½
A ┌ レモン汁 ・・・・・・・・・・・・・ 大さじ1
  │ 砂糖・・・・・・・・・・・・・・・・・・ 小さじ1
  │ 粗挽き黒こしょう ・・・・・・・・ 小さじ½
  └ **コリアンダー** ・・・・・・・・・・・ 小さじ½

作り方

1 フライパンにオリーブオイルと鶏肉、
  塩を入れて混ぜ合わせ、中火にかける。
  皮目を下にして2分ほど焼く。

2 鶏肉をひっくり返し、ふたをして弱火にし、
  10分ほど蒸し焼きにする。

3 Aを加え、よく混ぜ合わせる。

MEMO

お肉だけで作れるお手軽レシピ。から揚げ用の鶏肉を買えば、包丁いらず♪

保存の目安
冷蔵5日
冷凍1か月

こってりバターと爽やかなコリアンダーをかけ算した風味がクセになる

ほたてのバターソテー

(おつまみ) (お弁当)

材料（2人分）

ボイルほたて・・・・・・・・・・・ 10個（約250g）
ブロッコリー（小房に分け、縦半分に切る）
・・・・・・・・・・・・・・・ ½個（約150g）
にんにく（すりおろす）・・・・・・・・・・ 1かけ
バター ・・・・・・・・・・・・・・・・・・ 10g
塩・・・・・・・・・・・・・・・・・・・ 小さじ¼
コリアンダー ・・・・・・・・・・・・ 小さじ¼
粗挽き黒こしょう・・・・・・・・・・・・・・ 適量

MEMO

ほたての代わりに、ベビーほたてやシーフードミックスでもOK！

保存の目安
冷蔵5日
冷凍 ✕

作り方

1 耐熱容器にブロッコリーを入れ、ふんわりラップをして電子レンジ（600W）で2分ほど加熱する。

2 フライパンにバターをひき、にんにくを入れて中火にかけ、香りが立ったらほたてと1、塩を加え、2分ほど炒める。

3 器に盛り、粗挽き黒こしょうとコリアンダーを振る。

爽やかな夏をイメージした魚介の煮込み料理

白身魚とズッキーニの煮込み

(フライパン1つ) (おもてなし) (おつまみ)

材料（2人分）

白身魚の切り身（たい、めかじき、たらなど）
‥‥‥‥‥‥‥‥‥‥‥‥‥‥‥2切れ（約250g）
ズッキーニ（厚さ1cmの輪切り）‥‥‥‥ 1本
玉ねぎ（厚さ1mmの薄切り）‥‥ ½個（約100g）
にんにく（薄切り）‥‥‥‥‥‥‥‥‥‥ 2かけ
オリーブオイル ‥‥‥‥‥‥‥‥‥‥ 大さじ1
塩‥‥‥‥‥‥‥‥‥‥‥‥‥‥‥‥ 小さじ1
コリアンダー ‥‥‥‥‥‥‥‥‥‥ 小さじ1
水‥‥‥‥‥‥‥‥‥‥‥‥‥‥‥‥ 100㎖
白ワイン‥‥‥‥‥‥‥‥‥‥‥‥‥‥ 50㎖
バター ‥‥‥‥‥‥‥‥‥‥‥‥‥‥ 10g
【 飾り用 】
パセリ（生・みじん切り）‥‥‥‥‥‥‥‥適量
レモン（くし形切り）‥‥‥‥‥‥‥‥‥‥適量

MEMO

冬はズッキーニの代わりにかぶ、ミニトマト、ブラックオリーブなどを入れても美味しい♪

作り方

1 フライパンにオリーブオイルをひき、
  玉ねぎとにんにくを入れて中火で2分ほど炒める。

2 玉ねぎがしんなりしたら
  ズッキーニと塩、コリアンダーを加え、
  ズッキーニの表面が色づくまで
  2分ほど炒める。

3 白ワインと水、白身魚を加え、
  魚の上にバターをのせる（a）。
  沸騰したら、ふたをして弱火にし、
  20分ほど蒸し焼きにする。

a

保存の目安
冷蔵5日
冷凍1か月

チーズ×燻製の香り×コリアンダーは、鉄板トリオ！

クリームチーズサーモン （レンチン）（おつまみ）（おもてなし）

材料（2人分）

スモークサーモン ・・・・・・・・・・・・・・・ 50g
クリームチーズ ・・・・・・・・・・・・・・・・ 50g
玉ねぎ（厚さ1mm以下の薄切り）
・・・・・・・・・・・・・・・・・ ¼個（約50g）

A
| マヨネーズ ・・・・・・・・・・・・ 大さじ2
| 砂糖・・・・・・・・・・・・・・・ 小さじ¼
| **コリアンダー** ・・・・・・・・・・ 小さじ¼
| 塩・・・・・・・・・・・・・・・少々（約0.4g）

作り方

1 クリームチーズを常温に戻すか、電子レンジ（600W）で10秒ほど加熱して柔らかくしたら、Aとともにボウルに入れ、よく混ぜ合わせる。

2 玉ねぎとサーモンを加え、混ぜ合わせる。

玉ねぎの辛味が苦手な人は
水に10分ほどさらし、
水けをきってから使ってね

MEMO
クリームチーズの塩気は商品によって異なるので、足りない場合は、最後に塩で味を調えて。

保存の目安
冷蔵3日
冷凍 ✕

バゲットやレタスに包んで、ちょっとリッチな朝ごはん

アボカドクリームサラダ （おもてなし）（おつまみ）

材料（2人分）

えび（冷凍） ・・・・・・・・・・・・・・・・・ 100g
アボカド（よく熟れたもの・1cmの角切り）
・・・・・・・・・・・・・・・・・・・・・ 1個

A
| にんにく（すりおろす） ・・・・・・・ ½かけ
| マヨネーズ ・・・・・・・・・・・・ 大さじ2
| 酢 ・・・・・・・・・・・・・・・・・ 小さじ1
| 砂糖 ・・・・・・・・・・・・・・・ 小さじ½
| 塩 ・・・・・・・・・・・・・・・・ 小さじ¼
| **コリアンダー** ・・・・・・・・・・ 小さじ¼

作り方

1 小鍋に湯を沸かしてえびを入れ、5分ほどゆでて水けをきる。

2 ポリ袋や保存袋にAとアボカドの半量を入れ、アボカドをつぶすように全体をもむ（a）。

3 残りのアボカドと1を加え、軽く混ぜる。

MEMO
アボカドがあまり熟れていないときは、ちぎりアボカド（P27）にするのがおすすめ！

保存の目安
冷蔵3日
冷凍 ✕

a

水きり不要！ ズッキーニやかぶ、キャベツでもOK♪

即席ピクルス

(あえるだけ) (ヘルシー) (おつまみ)

材料（2人分）

大根（厚さ1mmのいちょう切り）‥5cm（約150g）
きゅうり（厚さ1mmの輪切り）‥‥‥1本（約100g）
にんじん（厚さ1mmの半月切り）‥⅓本（約50g）
酢‥‥‥‥‥‥‥‥‥‥‥‥‥‥‥‥‥大さじ2
砂糖‥‥‥‥‥‥‥‥‥‥‥‥‥‥‥‥小さじ2
塩‥‥‥‥‥‥‥‥‥‥‥‥‥‥‥‥‥小さじ½
コリアンダー ‥‥‥‥‥‥‥‥‥‥小さじ¼

作り方

1 ポリ袋や保存袋に全ての材料を入れ、
— 混ぜ合わせる（a）。

a

MEMO

作って数日後の方がよく味がなじんでGOOD♪ カレーのお供におすすめ！（左下写真のカレーはP106）

保存の目安
冷蔵1週間
冷凍 ✕

カレーや肉料理の付け合わせにもなる常備菜！

キャベツの甘酢漬け

(あえるだけ) (おつまみ) (ヘルシー)

材料（2人分）

キャベツ（ざく切り）・・・・・・・・・・・・	300g
酢・・・・・・・・・・・・・・・・・・・・・・・	大さじ2
砂糖・・・・・・・・・・・・・・・・・・・	大さじ1
塩・・・・・・・・・・・・・・・・・・・・・	小さじ1/2
コリアンダー・・・・・・・・・・・・・	小さじ1/8

作り方

1 ポリ袋や保存袋に
　 全ての材料を入れ、よくもみ合わせる。

2 キャベツから水分が出て
　 しんなりするまで冷蔵庫で30分ほど置く。

保存の目安
冷蔵5日
冷凍 ✕

セロリの風味にコリアンダーがほんのり寄り添います

かにかまセロリ

(あえるだけ) (おつまみ) (ヘルシー)

材料（2人分）

セロリ（厚さ5mmの薄切り）‥ 1本（約120g）
かにかま ・・・・・・・・・・・・・・・・・・・・・・ 75g

A
| マヨネーズ ・・・・・・・・・・・・・・・ 大さじ1
| 砂糖・・・・・・・・・・・・・・・・・・ 小さじ½
| **コリアンダー** ・・・・・・・・・・・ 小さじ¼
| 塩・・・・・・・・・・・・・・・・・・・・ 小さじ⅛

作り方

1 ボウルでAを混ぜてから
セロリ、かにかまを加えて
あえる。

セロリの葉を少し入れると、
彩りがよくなります！　入れ
すぎると苦くなるので注意。

MEMO

保存の目安
冷蔵5日
冷凍 ✕

レモンとコリアンダーの相性がGOOD。すぐ作れて満足度の高い副菜

ツナと豆のマリネ （あえるだけ）（おつまみ）（ヘルシー）

材料（2人分）

ツナ缶（ノンオイル・水けをきる）
・・・・・・・・・・・・・・・・・1缶（70g）
ミックスビーンズ缶（水煮・水けをきる）
・・・・・・・・・・・・・・・・・100g
玉ねぎ（みじん切り）・・・・・1/4個（約50g）
オリーブオイル ・・・・・・・・・・・大さじ1
レモン汁 ・・・・・・・・・・・・・・・小さじ1
コリアンダー ・・・・・・・・・・・・小さじ1/2
塩・・・・・・・・・・・・・・・・・少々（約0.4g）
【 飾り用 】
パセリ（乾燥）・・・・・・・・・・・・・・適量

作り方

1 ボウルに全ての材料を入れ、
 混ぜ合わせる。

> 玉ねぎの辛味が苦手な人は
> 10分ほど水にさらし、
> 水けをきってから使ってね

MEMO

ツナ缶は食塩不使用の場合、最後に塩で味を調整してね。

保存の目安
冷蔵5日
冷凍 ✕

コリアンダーとパクチーは別物なの⁉

コリアンダーとパクチーは別物です。
どちらもセリ科の植物から作られる香辛料ですが、一般的に日本では
パクチーは生の葉のハーブ、コリアンダーは乾燥した種子からできるスパイスを指します。
よく、「パクチーが苦手なので、コリアンダーを使わないカレーの作り方が知りたいです」
という質問をいただきますが、コリアンダーはパクチーのような独特な香りはせず、
それぞれ異なる香りと風味を持っています。ちなみに、インドでは、生のパクチーが
よくカレーに添えられます。これは日本の和食でよく青じそが使われる要領で、
香り付けや彩りとして添えられるためです。

コリアンダーは、ブラウンコリアンダー（左）とグリーンコリアンダー（右）の2種類あります。本書で使用しているのは、グリーンコリアンダー。ブラウンに対して、完熟する前の青い状態で収穫するため、爽やかな香りが強いのが特徴です。

> コリアンダーには
> 2種類ある

> 2種の見分け方は
> 「見た目」＆「産地」

ブラウンコリアンダーとグリーンコリアンダーは商品名として明記されているものではないため、見た目で判断します。グリーンコリアンダーが少し緑っぽいのに対し、ブラウンコリアンダーは黄色がかった茶色をしています。また、産地表記がある場合、モロッコ産がブラウン、インド産がグリーンであることが多いです。

P47 理解度 Check！クイズの答え

A　コールスロー

解説　酸味があるコールスローとは相性 GOOD！　ぬか漬け
には十分な香りがあるので、スパイスは不要です。

PART 4
ターメリックのおかず

キャッチフレーズは

「汁もの王子」

別名〝ウコン〟としても知られるターメリック。
魚などの生臭さを消してくれるので、魚介類と相性がよいです。
粒子が細かいターメリックは、着色に使われることもしばしば。
ターメリックライスがその代表です。

ターメリックのきほん

相性抜群の食材

しょうが、玉ねぎ、ごま、魚介類全般、
白っぽい野菜（かぶ、じゃがいも、白菜、大根、
カリフラワーなどの香りが強くない野菜）など

特徴

根を乾燥させたものをパウダー状にしたスパイス。粒子が細かく、水に溶けやすいので、スープ料理に最適！ 優しくほっこりとした深みのある香りが特徴で、素材のなじみをよくしたり、魚の生臭さ、魚介だしなどの立ちすぎる香りをマイルドに抑えることが得意。

使い方のコツ

スープ、煮込み料理に入れると、全体の味を調和してまとめ上げてくれます。素材の下味に混ぜ込むなどして、必ず加熱する料理で使用しましょう。火を入れると黄色が鮮やかになり、なじみがよくなります。加熱しないと土っぽい香りが強くなり、色もきれいに出ないので注意！

効能

肝機能改善促進による二日酔い対策、アルコールの解毒、アンチエイジング、動脈硬化予防、抗酸化作用など（近年の研究で抗がん作用への期待も！）

理解度 Check！クイズ

ターメリックを振るなら、どっちの料理？

A　おでん

B　クリームシチュー　　答えは77ページへ

少量のスパイスでシンプルな炒めものがまとまる！

豚肉とかぶのターメリック炒め

(フライパン1つ) (おつまみ) (お弁当)

材料（2人分）

豚バラ肉（薄切り）・・・・・・・・・・・・・・・・・・・・・・・200g
かぶ（葉は長さ5cmに切り、実はくし形切り）
・・・・・・・・・・・・・・・・・・・・・・・・・・2個（約250g）
にんにく（すりおろす）・・・・・・・・・・・・・・・1かけ
酒、ごま油・・・・・・・・・・・・・・・・・・・・・各大さじ1
塩・・・・・・・・・・・・・・・・・・・・・・・・・・・・・小さじ½
ターメリック・・・・・・・・・・・・・・・・・・・・・・小さじ¼

M E M O

にんにくはチューブでも代用できますが、香り豊かな生がおすすめ。かぶの代わりにきのこ類や葉野菜でもOK！

作り方

1　フライパンにごま油をひき、
　　にんにくを入れて中火にかける。

2　香りが立ったら、かぶの実と塩を加え、
　　かぶが半透明になるまで
　　2分ほど炒める。

3　弱火にし、ターメリックを加えて
　　混ぜ合わせ（a）、豚肉とかぶの葉、酒を加える。
　　中火に戻し、肉の色が変わるまで
　　2分ほど炒め合わせる。

a

保存の目安
冷蔵5日
冷凍 ✕

エスニックなしょうが煮込み。ナンプラーが味の決め手に!

ジンジャーチキン

(フライパン1つ)(おつまみ)(お弁当)

材料（2人分）

鶏もも肉（ひと口大に切る）・・・ 1枚（約250g）

玉ねぎ（厚さ5mmの薄切り）

・・・・・・・・・・・・・・・・・・ ¼個（約50g）

しょうが（すりおろす）・・・・・・・・・・・・ 2かけ

サラダ油 ・・・・・・・・・・・・・・・・・・・ 大さじ1

レモン汁、ナンプラー ・・・・・・各小さじ2

ターメリック・・・・・・・・・・・・・・・ 小さじ¼

【 飾り用 】

パクチー（みじん切り）・・・・・・・・・・・・ 適量

保存の目安
冷蔵5日
冷凍1か月

作り方

1 フライパンにサラダ油をひき、
玉ねぎとしょうがを入れて中火にかけ、
3分ほど炒める。

2 玉ねぎがしんなりして透明になったら
鶏肉とターメリックを加え、
2分ほど炒める。

3 ナンプラー、レモン汁を加えてふたをし、
弱火で10分ほど蒸し焼きにする。

白菜の水分で仕上げる旨味がギュッと詰まったスープ

鶏肉と白菜のスープ

(小鍋1つ) (ヘルシー)

材料（2人分）

鶏もも肉（ひと口大に切る）・・・・・・・・・	150g
白菜（ざく切り）・・・・・・・・・・	1/4株（約600g）
しょうが（せん切り）・・・・・・・・・・・・・	1かけ
酒・・・・・・・・・・・・・・・・・・・・・・・・・	大さじ1
塩・・・・・・・・・・・・・・・・・・・・・・・・・	小さじ1
ターメリック・・・・・・・・・・・・・・・・	小さじ1/4

作り方

1　鍋に全ての材料を入れて
　混ぜ合わせ、中火にかける。

2　2分ほどしたら、ふたをして
　弱火で20分ほど蒸し煮にする。
　器に盛り、粗挽き黒こしょう
　適量（分量外）を振る。

保存の目安
冷蔵5日
冷凍 ✕

67

肉じゃがならぬ、さばじゃがを食卓のメインおかずに！

スパイスさばじゃが （フライパン1つ）（おつまみ）

材料（2人分）

さば缶（しょうゆ煮）	1缶（約190g）
じゃがいも（ひと口大に切る）	1個（約150g）
玉ねぎ（薄切り）	½個（約100g）
にんにく（すりおろす）	1かけ
ごま油	大さじ1
ターメリック	小さじ½
塩	小さじ½
水	200㎖

【 飾り用 】

小ねぎ（小口切り） ・・・・・・・ 少々

作り方

1 フライパンにごま油をひき、玉ねぎと
にんにくを入れて中火にかける。
玉ねぎがしんなりして透明になるまで、
3分ほど炒める。

2 ターメリックを加え、弱火にして
30秒ほど炒める。じゃがいもと
さば缶（汁ごと）、水、塩を加え、
ふたをして中火に戻し、10分ほど煮る。

じゃがいもが堅い場合は、様子を見ながら
柔らかくなるまで煮る

3 じゃがいもを数個だけつぶして
とろみをつける。

MEMO
クミン小さじ½、コリアンダー
小さじ½を加えると、スパイ
スカレーのような味わいに。
きのこ類やにんじんを入れ
てもOK！

保存の目安
冷蔵5日
冷凍✕

レモンの酸味が効いた、ごはんにかけたい爽やかな一品

いわしととろり玉ねぎのレモン煮 （フライパン1つ）（おつまみ）

材料（2人分）

いわし缶（水煮）	1缶（150g）
玉ねぎ（厚さ1mmの薄切り）	1個（約200g）
レモン汁	大さじ1
砂糖	小さじ1
塩	小さじ¼
ターメリック	小さじ⅛

【 飾り用 】

パクチー ・・・・・・・・・・・・ 適量

作り方

1 フライパンに全ての材料を入れて
中火にかけ、ふたをして
3分ほど蒸し煮にする。

玉ねぎの薄切りはスライサーなどを使って
薄〜く切るのがおすすめ

いわし缶は汁ごと使います。
商品によって塩気の程度が
異なるので、足りない場合
は最後に塩で味を調えて。

MEMO

保存の目安
冷蔵5日
冷凍1か月

牡蠣の旨味が全体に広がる、ぜいたくな炒めもの

牡蠣とほうれん草の
ターメリックソテー

(フライパン1つ) (おつまみ)

材料（2人分）

牡蠣（生食用）・・・・・・・・・・・・・・・・6個（約150g）
ほうれん草（長さ3cmに切る）・・・½束（約100g）
にんにく（すりおろす）・・・・・・・・・・・・・1かけ
バター・・・・・・・・・・・・・・・・・・・・・・・・・・・10g
ターメリック・・・・・・・・・・・・・・・・・・小さじ¼
塩・・・・・・・・・・・・・・・・・・・・・・・・・・・小さじ⅛

MEMO
ほうれん草のえぐみが気に
なる場合は、切ってからたっ
ぷりの水に10分以上つけ
て、水けをきって使います。
牡蠣は生食用を使えば、生
焼けを心配する必要なし！

作り方

1 フライパンにバターをひき、
にんにくを入れ、弱火にかける。

2 香りが立ってきたら
塩とターメリックを加え、さっと混ぜ合わせ、
すぐに牡蠣を加える（a）。
ふたをして弱火にし、5分ほど蒸し焼きにする。

> ターメリックが焦げないよう注意。
> 先にスパイスだけを混ぜることで、
> ムラができにくくなるよ

a

3 ほうれん草を加え、しんなりするまで
1分ほど炒める。
器に盛り、粗挽き黒こしょう適量（分量外）
を振る。

保存の目安
冷蔵5日
冷凍 ✕

二日酔いの朝、食欲がないときに飲みたくなる命のスープ

たっぷりきのこスープ （小鍋1つ）（ヘルシー）

材料（2人分）

きのこ類（しいたけ、ぶなしめじ、えのきなど）
　‥‥‥‥‥‥‥‥‥‥‥‥‥‥‥‥200g
しょうが（せん切り）‥‥‥‥‥‥‥　1かけ
鶏ガラスープの素（粉末）‥‥‥‥‥小さじ1
ごま油‥‥‥‥‥‥‥‥‥‥‥‥‥‥小さじ1
ターメリック‥‥‥‥‥‥‥‥‥　小さじ¼
水‥‥‥‥‥‥‥‥‥‥‥‥‥‥‥‥400㎖
【 飾り用 】
小ねぎ（小口切り）‥‥‥‥‥‥‥‥　適量

作り方

1 しいたけは薄切り、それ以外のきのこは
石づきをとり、小房に分ける。

2 小鍋にごま油をひき、
しょうがを入れて中火にかける。

3 香りが立ったら
きのことターメリックを加え、
2分ほど炒める。

4 きのこが全体的にしんなりしたら
水と鶏ガラスープの素を加え、
7分ほど煮る。

味が薄いと感じたら、鶏ガラスープの素を足し、濃いと感じたら水を足します。身体の調子に合わせて調整して。
M E M O

保存の目安
冷蔵5日
冷凍1か月

浸水のいらないレンズ豆を使ったトルコのスープ

レンズ豆のスープ （小鍋1つ）（ヘルシー）

材料（2人分）

赤レンズ豆（水でよく洗う）‥‥‥‥‥100g
玉ねぎ（みじん切り）‥‥‥‥　¼個（約50g）
にんにく（すりおろす）‥‥‥‥‥‥　1かけ
サラダ油‥‥‥‥‥‥‥‥‥‥‥‥　大さじ1
　　｜水‥‥‥‥‥‥‥‥‥‥‥‥‥500㎖
A｜コンソメ（キューブ）‥‥‥‥‥‥‥1個
　　｜**ターメリック**‥‥‥‥‥‥‥　小さじ¼
【 飾り用 】
パセリ（生・みじん切り）‥‥‥‥‥　適量

作り方

1 小鍋にサラダ油をひき、
玉ねぎとにんにくを入れて
中火で3分ほど炒める。

2 玉ねぎが飴色になったら
豆とAを加え、
沸騰したら弱火にして20分ほど煮る。

3 豆が煮崩れてきたら、
ヘラでこするようによくかき混ぜて
とろみをつけ、塩適量（分量外）で
味を調える。

保存の目安
冷蔵5日
冷凍1か月

野菜の水分だけで仕上げる無水調理だから、旨味を凝縮！

夏野菜の蒸し煮

（ フライパン1つ ）（ ヘルシー ）

材料（2人分）

玉ねぎ（くし形切り）・・・・・・・・・・・1個（約200g）
トマト（くし形切り）・・・・・・・・・・・・1個（約200g）
じゃがいも（3cm角に切る）・・・・・・・1個（約200g）
ズッキーニ（厚さ8mmに切る）・・・・1本（約100g）
にんにく（すりおろす）・・・・・・・・・・・・1かけ
オリーブオイル・・・・・・・・・・・・・・・・・・大さじ1
塩・・・・・・・・・・・・・・・・・・・・・・・・・小さじ½
ターメリック・・・・・・・・・・・・・・・・・・小さじ¼
【 飾り用 】
パクチー（ざく切り）・・・・・・・・・・・・・・・・適量

MEMO

にんにくはチューブでも代用できますが、香り豊かな生がおすすめです。

作り方

1 フライパンにオリーブオイルをひき、
玉ねぎとにんにくを入れ、中火で2分ほど炒める。

2 玉ねぎが透明になったら、
残りの材料を全て加える。ふたをして弱火にし、
20分ほど蒸し煮にする。

焦げやすいフライパンを使う場合は、
ときどきかき混ぜたり、
適宜水を足してね

保存の目安
冷蔵5日
冷凍1か月

モロッコのタジンをアレンジ。オリーブオイルとターメリックの相性が◎

冬野菜のタジン風 （フライパン1つ）（ヘルシー）

材料（2人分）

玉ねぎ（くし形切り） ・・・・・・ 1個（約200g）
トマト（くし形切り） ・・・・・・・ 1個（約200g）
カリフラワー（小房に分け、葉はざく切り）
・・・・・・・・・・・・・・・・・・・・・・ ½個（約250g）
にんじん ・・・・・・・・・・・・・・・・ ½本（75g）
にんにく ・・・・・・・・・・・・・・・・・・・・・ 1かけ
オリーブオイル ・・・・・・・・・・・・・ 大さじ1
塩、こしょう ・・・・・・・・・・・・・ 各小さじ½
ターメリック・・・・・・・・・・・・・・ 小さじ¼

作り方

1 フライパンにオリーブオイルをひき、玉ねぎとにんにくを入れ、中火で2分ほど炒める。

2 玉ねぎが透明になったら、残りの材料を全て加え、ふたをして弱火にし、20分ほど蒸し煮にする。

焦げそうになったら、ときどきかき混ぜたり、少量の水を適宜足してみて！

MEMO
カリフラワーは、かぶやれんこんなどの野菜にかえても美味しいです。

保存の目安
冷蔵5日
冷凍1か月

Column ④

ターメリックは二日酔いに効く !?

ターメリックには老いや病気の予防に効力を発揮する
抗酸化作用があります。
肝機能も改善してくれるため、二日酔いのときや飲み会の前にもおすすめ!
私が、お酒を飲む前後や体調が悪い日に作る2品をご紹介します。

ターメリックラテ

材料（2人分）

牛乳 ·················· 150㎖
はちみつ ·············· 小さじ1
しょうが（すりおろす）·········· 少々
ターメリック ············ 小さじ⅛
シナモン（あれば）········· 小さじ⅛

作り方

1 耐熱のカップに全ての材料を合わせ、
　電子レンジ（600W）で2分加熱する。

ターメリックみそ汁

材料（2人分）

好みの具材で作ったみそ汁 ······ 2人分
ターメリック ··············· 小さじ⅛

作り方

1 みそ汁の入った鍋にターメリックを入れて混ぜ、
　中火にかけて2分ほど煮る。

P63 理解度 Check！クイズの答え

A　おでん

解説　おでんには魚介だしも入っているので、答えはA。
魚介特有の臭みをマイルドにしてくれます。
クリームシチューに振るならナツメグがおすすめ!

PART 5
シナモンのおかず

キャッチフレーズは

「甘みブースター」

スイーツで使用されるイメージがありますが、
実は料理でも大活躍！
甘い食材や赤ワイン、しょうゆ、オイスターソースなどを使う料理と
合わせて、エキゾチックな味を体験してみて！

シナモンのきほん

相性抜群の食材

かぼちゃ、にんじん、さつまいも、栗、はちみつ、
甘い果物、赤ワイン、しょうゆ、オイスターソースなど

特 徴

エキゾチックな香りを放ち、異国情緒あふれる仕上がりに。地中海料理にもよ
く使われます。セイロンシナモンとカシアの2種類あり、セイロンはフローラ
ルな香りがあるのに対し、カシアは奥深くワイルドな甘い香り。本書ではカシ
アを使用していますが、どちらでもOKです。

使い方のコツ

甘い野菜や果物をより甘く感じさせたり、赤ワインやしょうゆなどを使った料
理にコクや深みを与えます。糖分を多く含んだ野菜や果物と相性がよく、
一緒に煮込んだり、仕上げに振りかけて使います。ただし、シナモン自体は
甘みを含みません。糖分を含む食材と一緒に使うことで、甘さを際立たせて
くれます。

効 能

冷え性改善、むくみ防止、アルツハイマー予防への期待も!

理解度 Check！クイズ

シナモンを振るなら、どっちの料理？

A　スクランブルエッグ

B　目玉焼き　　　　　　答えは93ページへ

79

シナモンと肩ロースでヘルシーなカリー子流の絶品角煮!

ひとくちトンポーロー

（フライパン1つ）（おもてなし）

材料（2人分）

豚肩ロース肉（3cm角に切る）‥‥‥‥500g
しょうゆ ‥‥‥‥‥‥‥‥‥‥‥‥大さじ2
砂糖、みりん ‥‥‥‥‥‥‥‥‥各大さじ1
オイスターソース、鶏ガラスープの素（粉末）
‥‥‥‥‥‥‥‥‥‥‥‥‥‥‥各小さじ1
シナモン‥‥‥‥‥‥‥‥‥‥ 小さじ$\frac{1}{8}$
水 ‥‥‥‥‥‥‥‥‥‥‥‥‥‥‥‥500㎖
【飾り用】
チンゲンサイ（縦半分に切り、ゆでる）‥‥ 1束

MEMO

シナモンを入れることで、豚肉の下ゆでなしでも臭みが気になりません。追加で八角（1個）か五香粉（小さじ¼）を入れると、より本格的に!

作り方

1 フライパンに全ての材料を入れて中火にかける。沸騰したら、ふたをして弱火にし、1時間ほど煮る。

2 ふたを開けて火力を上げ、汁けが大さじ3ほどになるまで煮詰める（a）。

煮詰めるときに
水分が蒸発しやすいように
フライパンを使うよ

a

保存の目安
冷蔵5日
冷凍1か月

シナモンの甘い香りとマスタードの酸味が絶妙に絡み合う!

ハニーマスタードポーク

(フライパン1つ)　(おもてなし)　(おつまみ)

材料（2人分）

豚肩ロース肉（厚さ1cmに切る）‥‥‥‥300g
塩‥‥‥‥‥‥‥‥‥‥‥‥‥‥‥‥ 小さじ¼
【ソース】
　　| はちみつ、粒マスタード ‥‥‥各大さじ1
A | しょうゆ ‥‥‥‥‥‥‥‥‥‥‥小さじ1
　　| シナモン ‥‥‥‥‥‥‥‥‥‥ 小さじ⅛
【飾り用】
ベビーリーフ ‥‥‥‥‥‥‥‥‥‥‥‥ 適量

作り方

1 豚肉は全体に塩を振り、
　フライパンに並べて中火にかける。

> 脂身が少ない豚肉の場合は、
> サラダ油を少しひく

2 両面を1分ずつ焼き、ふたをして弱火にし、
　5分ほど蒸し焼きにする。

3 Aを加えて、汁けがなくなるまで煮詰める。

豚肩ロース肉の代わりに、
バラ肉などお好みのかたま
り肉を使ってもOK。
MEMO

保存の目安
冷蔵5日
冷凍1か月

コチュジャンとさつまいもの組み合わせが◎。ごはんとの相性もGOOD！

鶏肉とさつまいもの甘辛煮

（フライパン1つ）（お弁当）

材料（2人分）

鶏もも肉（ひと口大に切る）・・・ 1枚（約250g）
さつまいも（乱切り）・・・・・・ ½本（約150g）
にんじん（乱切り）・・・・・・・・ ½本（約75g）
玉ねぎ（くし形切り）・・・・・・・ ¼個（約50g）
コチュジャン ・・・・・・・・・・・・・・・ 大さじ2
砂糖、しょうゆ ・・・・・・・・・・ 各小さじ2
シナモン・・・・・・・・・・・・・・・・ 小さじ⅛
水・・・・・・・・・・・・・・・・・・・ 200mℓ

作り方

1 フライパンに全ての材料を入れ、中火にかける。沸騰したらふたをして弱火にし、10分ほど煮る。

2 ふたを開けて火力を上げ、汁けを飛ばしながら、優しいとろみがつくまで煮詰める。

MEMO

お好きなきのこ類を加えてもOK！

保存の目安
冷蔵5日
冷凍1か月

冷めても美味しいから、お弁当のおかずとしても大活躍！

鶏肉としいたけの赤ワイン煮込み

（フライパン1つ）　（おもてなし）　（お弁当）

材料（2人分）

鶏もも肉（ひと口大に切る）・・・・・・1枚（約250g）
しいたけ（軸をとり、半分に切る）・・・・・・・・・・ 6個
玉ねぎ（厚さ5mmの薄切り）・・・・・½個（約50g）
にんにく（みじん切り）・・・・・・・・・・・・・・・ 1かけ
オリーブオイル ・・・・・・・・・・・・・・・・・・ 大さじ1
塩・・・・・・・・・・・・・・・・・・・・・・・・・ 小さじ½
シナモン・・・・・・・・・・・・・・・・・・・・・・ 小さじ¼

A
| 赤ワイン、水・・・・・・・・・・・・・・・ 各100㎖
| トマトケチャップ ・・・・・・・・・・・・ 大さじ2
| しょうゆ、砂糖 ・・・・・・・・・・・・ 各小さじ1

【 飾り用 】
パセリ（生・みじん切り）・・・・・・・・・・・・・・・・適量

作り方

1 フライパンにオリーブオイルをひき、
　玉ねぎとにんにくを入れ、中火で3分ほど炒める。

2 玉ねぎがしんなりして透明になったら
　鶏肉としいたけ、塩、シナモンを加え、
　鶏肉の表面が焼けるまで、
　2分ほど炒め合わせる。

3 Aを加え、ふたをして弱火にし、
　10分ほど煮込む。

4 ふたを開けて、軽くとろみがつくまで
　煮詰める（a）。

a

保存の目安
冷蔵5日
冷凍1か月

酸味の中で、かぼちゃとシナモンの甘さが際立ちます

かぼちゃと生ハムのサラダ （レンチン） （おもてなし）

材料（2人分）
かぼちゃ ・・・・・・・・・・・・・・・・・・・・・・・・・150g
サニーレタス（ひと口大にちぎる）・・・・・150g
生ハム ・・・・・・・・・・・・・・・・・・・・・・・・・ 6枚
【 ドレッシング 】
A ｜ はちみつ、粒マスタード、酢、
　　　オリーブオイル ・・・・・・・・・各大さじ1
　　こしょう ・・・・・・・・・・・・・・・・小さじ⅛
　　シナモン ・・・・・・・・・・・・・・・小さじ⅛

作り方
1　かぼちゃはラップにくるみ、
　　電子レンジ（600W）で3分ほど加熱する。
　　粗熱をとって、2cm角に切る。

2　器にサニーレタスと1、生ハムを盛り、
　　混ぜ合わせたAを回しかける。

MEMO
シナモンの代わりに同量のコリアンダーを入れてもOK！

保存の目安
冷蔵3日
冷凍 ✕

冷めても美味しい絶品おかず

かぼちゃとトマトの無水煮込み （お弁当） （ヘルシー）

材料（2人分）
かぼちゃ ・・・・・・・・・・・・・・・・・・・・・・・・・250g
トマト（くし形切り）・・・・・・・・・2個（約400g）
玉ねぎ（厚さ1mmの薄切り）
　・・・・・・・・・・・・・・・・・・・・・・・ ¼個（約50g）
にんにく（すりおろす）・・・・・・・・・・・ 1かけ
オリーブオイル ・・・・・・・・・・・・・・・大さじ1
A ｜ 塩、砂糖・・・・・・・・・・・・・・・各小さじ½
　　シナモン・・・・・・・・・・・・・・・・小さじ¼

作り方
1　かぼちゃはラップにくるみ、
　　電子レンジ（600W）で5分ほど加熱し、
　　粗熱をとって、厚さ8mmの薄切りにする。

2　フライパンにオリーブオイルをひいて
　　玉ねぎとにんにくを入れ、
　　中火にかけて2分ほど炒める。
　　玉ねぎがしんなりしたら
　　トマトを加えて弱火にし、
　　ふたをして10分ほど蒸し煮にする。

3　ヘラでトマトをつぶして
　　ペースト状になったらAと1を加え、
　　汁けを飛ばしながら、
　　優しいとろみがつくまで煮詰める。

MEMO
砂糖を加えることで、かぼちゃとトマトの甘さが引き立ちます！

保存の目安
冷蔵5日
冷凍1か月

保存できるので、お弁当のおかずに。サンドイッチにしても美味しい!

キャロットラペ

(あえるだけ) (お弁当)

材料（2人分）

にんじん（せん切り） ······	1本（約150g）
レーズン（粗く刻む） ······	15粒（約10g）
オリーブオイル ·············	大さじ1
酢 ························	小さじ2
砂糖 ······················	小さじ1
塩 ························	小さじ1/4
シナモン ················	小さじ1/8

作り方

1 ボウルに全ての材料を入れ、
— 混ぜ合わせる。

MEMO

冷蔵庫でひと晩置くとレーズンが柔らかくなり、旨味も出て、より美味しくなります。パクチーやナッツ類を加えると、異国感がアップ!

保存の目安
冷蔵 5日
冷凍 ✕

シナモン

甘じょっぱさがクセになる！　小腹がへったら作りたい一品

さつまいものシナモンソテー

（フライパン1つ）（お弁当）（おつまみ）

材料（2人分）

さつまいも（ひと口大に切る）

・・・・・・・・・・・・・・・・・・・・ 1本（約300g）

	バター ・・・・・・・・・・・・・・・・・・・ 10g
A	砂糖・・・・・・・・・・・・・・・・・・ 小さじ2
	シナモン・・・・・・・・・・・・・・ 小さじ¼

食塩不使用のバターを使う場合、**2**で塩少々を加えると味がしまります！

MEMO

保存の目安
冷蔵 5日
冷凍1か月

作り方

1 フライパンにさつまいもを並べ、底から1cmほどの水（分量外）を入れて中火にかける。沸騰したら、ふたをして、ごく弱火で10分ほど蒸し煮にする。

冷たい水から優しい火力でゆでるとさつまいもがしっとり仕上がる

2 竹串でさつまいもを刺しすっと通るくらい柔らかくなったら、Aを加えて崩れないように優しくかき混ぜ、水けを飛ばすように炒める。

サクサクのできたてをぜひ！　持ち寄りパーティにも◎

シナモンミートパイ

（おもてなし）

材料（8個分）

パイシート（冷凍・10×19cmのもの）‥‥‥‥ 4枚
合いびき肉 ‥‥‥‥‥‥‥‥‥‥‥‥‥‥ 150g
にんにく（みじん切り）‥‥‥‥‥‥‥‥‥ 1かけ
玉ねぎ（みじん切り）‥‥‥‥‥‥‥ $\frac{1}{4}$個（約50g）
にんじん（みじん切り）‥‥‥‥‥‥ $\frac{1}{3}$本（約50g）
小麦粉‥‥‥‥‥‥‥‥‥‥‥‥‥‥‥‥ 小さじ2

A
　トマトケチャップ ‥‥‥‥‥‥‥‥ 大さじ2
　中濃ソース ‥‥‥‥‥‥‥‥‥‥‥ 小さじ2
　（ウスターソースで代用可能）
　塩、こしょう ‥‥‥‥‥‥‥ 各小さじ$\frac{1}{4}$
　シナモン‥‥‥‥‥‥‥‥‥‥‥ 小さじ$\frac{1}{4}$

卵黄‥‥‥‥‥‥‥‥‥‥‥‥‥‥‥ 1個分

MEMO

中の具が余ったら、パスタと
絡めても美味しいですよ。

保存の目安
冷蔵 5日
冷凍 1か月

作り方

1 パイシートは全て4等分に切り、
　半分に横3本の切り込みを入れる。

2 フライパンににんにくと玉ねぎ、にんじん、
　ひき肉を入れ、中火にかけて5分ほど炒める。

　　　　脂身が少ないひき肉の場合は、
　　　　サラダ油を少しひく

3 玉ねぎが飴色になったらAを加え、
　2分ほど炒める。火を止めて小麦粉を振って
　混ぜ合わせ、よく冷ましておく。

4 切り込みのないパイシートの上に3をのせる。
　その上に切り込みを入れたパイシートを重ね、
　周りをフォークなどで押しつぶしてくっつける（a）。

a

5 溶いた卵黄を4の上面にハケで塗り、
　200℃に予熱したオーブンで15分ほど焼く。

　　　卵黄がなければ、ツヤ出しの工程はカットしてもOK！

Column ⑤

シナモンおやつ ベスト**3** ♥

シナモンの芳醇な甘い香りは、デザートによく合います。
特に甘い食材や調味料と相性がよく、相乗効果でその甘さを際立たせてくれます。
紅茶やコーヒーのお供に、スパイススイーツでほっとひと息つきませんか?

材料（8個分）

パイシート（冷凍・10×19cmのもの）‥‥4枚
A｜りんご（皮をむいて種を除き、1cm角に切る）
　　　‥‥‥‥‥‥‥‥‥‥‥‥1個（200g）
　｜砂糖‥‥‥‥‥‥‥‥‥‥‥‥‥‥36g
　｜レモン汁‥‥‥‥‥‥‥‥‥‥‥小さじ1
　｜**シナモン**‥‥‥‥‥‥‥‥‥‥小さじ1/2
卵黄‥‥‥‥‥‥‥‥‥‥‥‥‥‥‥1個分

MEMO

パイの中身が余ったら、冷蔵保存して、ヨーグルトに入れたり、食パンにのせてもGOOD♪

a

保存の目安
冷蔵 5日
冷凍 1か月

作り方

1　パイシートは全て4等分に切り、
　半分に網目状になるように
　切り込みを入れておく（a 赤線）。

2　耐熱容器にAを合わせ、ラップをせずに
　電子レンジ（600W）で3分ほど加熱する。
　一度取り出してかき混ぜ、さらに3分ほど加熱して
　汁けを飛ばす。ふたをせず冷ましておく。

3　切り込みのないパイシートの上に
　汁けをきった2をのせ、
　切り込みを入れたパイシートを重ね、
　周りをフォークなどで押しつぶしてくっつける。

4　溶いた卵黄を3の上面にハケで塗り、
　200℃に予熱したオーブンで15分ほど焼く。

これぞ、シナモンのベストバランス!

シナモン
アップルパイ

保存の目安
冷蔵 5日　※アイスをのせない
冷凍 1か月　状態で保存

直径5cmの太いいもでも中までしっとり！
焼きいもアイス

MEMO

品種は紅はるかや安
納いもがおすすめ！
さつまいもは数本まと
めて焼いてもOKだよ！

シンプルだけど甘みが
増したように感じられ
て、とっても美味しい！

MEMO

材料（2人分）
さつまいも・・・・・・・・・・・・・・・・・・・・・・ 1本
バニラアイス・・・・・・・・・・・・・・・・・・・・・適量
シナモン・・・・・・・・・・・・ 少々〜お好みの量

作り方
1 さつまいもはアルミホイルで包み、
予熱なしで170℃のオーブンで80分ほど焼く。

2 粗熱がとれたら手で縦半分に裂き、
バニラアイスをのせ、シナモンを振る。

保存の目安
冷蔵 1日
冷凍 ×

モロッコで食べられるデザート。前菜にしてもGOOD！
シナモンオレンジ

材料（2人分）
オレンジ（皮をむき1cmの輪切り）・・・・・ 1個
シナモン・・・・・・・・・・・・ 少々〜お好みの量

作り方
1 オレンジを皿に並べ、全体にシナモンを振る。

P79 理解度 Check！クイズの答え
A　スクランブルエッグ
解説　甘いスクランブルエッグにはシナモンがよく合います。砂
糖を使わないスクランブルエッグには、あまり合わないかも！

PART 6
おのこりスパイス5種
大量消費カレー

本章で紹介するスパイスカレーは、
ターメリック、クミン、コリアンダーの3種がベースになっています。
シナモンとナツメグは、あればお好みで加えればOK！
スパイスカレー初心者でも簡単に作れて、
どれも違う味わいが楽しめる絶品カレーをそろえました♪

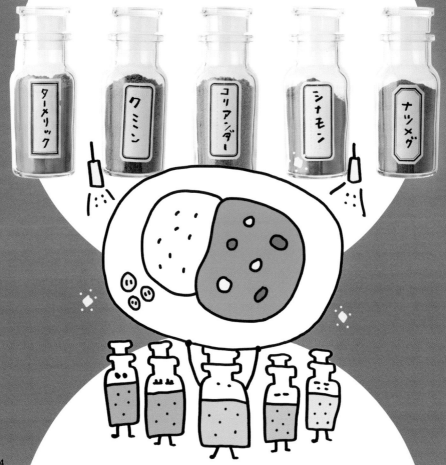

スパイスカレーのきほん

スパイス料理で失敗する要因として、量を入れすぎて苦味やえぐみが出てしまう……ということがあります。その点、カレーは複数のスパイスを加えて作るため、ひとつのスパイスが悪目立ちすることなく、量をたくさん使っても苦味やえぐみが目立ちにくい！ これが大量消費できる理由です。

〝チリペッパー〟で辛さをプラス！

おのこりスパイス5種には「辛味」がありません。 カレーに辛さが欲しい人は、唐辛子を粉末にしたスパイス「チリペッパー」を追加して。各カレーレシピに辛さを足す場合のチリペッパーの分量は「小さじ¼〜½」が目安です。

例えば、家族でそれぞれカレーの辛さを分けたいときは、器に盛り付けた後、各々のお皿で好きな辛さに調整すればOK！ 熱いものとなじみやすいため、カレーが熱々のうちに振りかけて♪

※チリペッパー＝カイエンペッパー＝レッドペッパー
「チリペッパー」は、メーカーによって名前が異なるが、基本的に同じもの。ただし、似た名前のチリパウダーは、いろんなスパイスを混合した複合スパイスの場合があるため、辛味としては使えない。

カレーは寝かせても、美味しい♪

スパイスカレーで「香り」を楽しむなら、できたてに勝るものはありません。でも寝かせたカレーも美味しいですよね。これは、煮ものを次の日に食べると美味しいのと同じで、食材に味がなじみ、旨味がアップするから。つくりおきを冷蔵・冷凍保存すると、コクや旨味が確実にアップしたカレーも楽しめますよ♪

3種のスパイスで作る基本のスパイスカレー

梅干しチキンカレー （フライパン1つ）（グルテンフリー）

材料（2人分）

鶏もも肉（ひと口大に切る）‥‥‥‥ 1枚（約250g）
玉ねぎ（みじん切り）‥‥‥‥‥‥ 1個（約200g）
トマト（ざく切り）‥‥‥‥‥‥‥ 1個（約200g）
にんにく、しょうが（みじん切り）‥‥‥ 各1かけ
ピーマン（ざく切り）‥‥‥‥‥‥‥‥‥ 1個
梅干し（種を除いて、小さくちぎる）‥‥‥‥ 25g
水‥‥‥‥‥‥‥‥‥‥‥‥‥‥‥‥ 150㎖
サラダ油 ‥‥‥‥‥‥‥‥‥‥‥‥ 大さじ1
塩‥‥‥‥‥‥‥‥‥‥‥‥‥‥‥ 小さじ1

	コリアンダー ‥‥‥‥‥‥‥ 小さじ2
A	**クミン** ‥‥‥‥‥‥‥‥‥‥ 小さじ1
	ターメリック ‥‥‥‥‥‥ 小さじ½

MEMO

玉ねぎをしっかり炒めることで旨味とコクが出てきます。私はやさしい甘さが好きなので、はちみつ梅干しを使っています。

保存の目安
冷蔵5日
冷凍1か月

作り方

1 ― フライパンにサラダ油をひき、玉ねぎ、にんにく、しょうがを入れ、強めの中火で10分ほど炒める。

> 玉ねぎはヘラで押しつけるように炒めると水分が抜けやすい

2 ― 玉ねぎが焦げ茶色になったら（a）、トマトとピーマンを加え、トマトがつぶれてペースト状になるまで炒める。

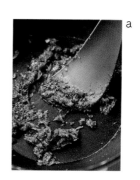
a

3 ― 弱火にしてAと塩を加え、1分ほど混ぜ合わせる。

4 ― 鶏肉、梅干し、水を加え、沸騰したらふたをして、弱火で10分ほど煮る。

MEMO

ターメリックを入れる場合も、浸水が必要な炊飯器であれば、浸水時間をとって。

ターメリックライス

材料（作りやすい分量）
米‥‥‥‥‥‥‥‥‥‥‥‥‥‥ 2合
ターメリック‥‥‥‥‥‥‥‥ 小さじ¼

作り方

1 ― 米を洗い、炊飯器に規定通りの水とターメリックを加え、よく混ぜ合わせて、炊飯する。

みんな大好きバターチキン！　玉ねぎを炒める工程がないから簡単♪

即席バターチキンカレー

（フライパン1つ）（グルテンフリー）

材料（2人分）

鶏もも肉（ひと口大に切る） ‥‥‥‥1枚（約250g）
にんにく、しょうが（すりおろす） ‥‥‥ 各1かけ
生クリーム（乳脂肪分35％） ‥‥‥‥‥‥ 100mℓ
バター ‥‥‥‥‥‥‥‥‥‥‥‥‥‥‥ 10g

	カットトマト缶 ‥‥‥‥‥‥‥‥1缶（400g）
	砂糖‥‥‥‥‥‥‥‥‥‥‥‥‥‥‥大さじ1
	塩‥‥‥‥‥‥‥‥‥‥‥‥‥‥‥小さじ1
A	**コリアンダー** ‥‥‥‥‥‥‥‥‥小さじ2
	クミン ‥‥‥‥‥‥‥‥‥‥‥‥小さじ1
	ターメリック ‥‥‥‥‥‥‥‥‥小さじ½
	シナモン（あれば） ‥‥‥‥‥‥小さじ¼
	ナツメグ（あれば） ‥‥‥‥‥‥小さじ⅛

MEMO

ルウが濃厚だから、パンやナンと一緒に食べるのが◎！

保存の目安
冷蔵5日
冷凍1か月

作り方

1 フライパンにバターをひき、
　にんにくとしょうがを入れて中火にかける。

2 香りが立ってきたら、鶏肉とAを加え、
　よくかき混ぜる。沸騰したら
　ふたをして弱火にし、10分ほど煮込む。

3 トマトの実をヘラで
　つぶすようにしてかき混ぜる（a）。
　生クリームを加え、再度沸騰したら火を止める。

a

油と相性のいいほうれん草は、スパイスカレーのベスト食材！

ほうれん草キーマカレー

（フライパン1つ）（グルテンフリー）

材料（2人分）

豚ひき肉 ・・・・・・・・・・・・・・・・・・・・・・・・・・	200g
ほうれん草（長さ3cmに切る）・・・	1/2束（約100g）
玉ねぎ（みじん切り）・・・・・・・・・・	1/2個（約100g）
トマト（ざく切り）・・・・・・・・・・・・・	1/2個（約100g）
にんにく、しょうが（すりおろす）・・・・・・	各1かけ
ヨーグルト（無糖）・・・・・・・・・・・・・・・・・	50g
サラダ油 ・・・・・・・・・・・・・・・・・・・・・・・	大さじ1
塩 ・・・・・・・・・・・・・・・・・・・・・・・・・・	小さじ1

A	**クミン** ・・・・・・・・・・・・・・・・・・・・	小さじ2
	コリアンダー ・・・・・・・・・・・・・・・	小さじ1
	ターメリック ・・・・・・・・・・・・・・・	小さじ1/2
	こしょう ・・・・・・・・・・・・・・・・・・・	小さじ1/2

作り方

1　フライパンにサラダ油をひき、
　玉ねぎとにんにく、しょうがを入れて
　強めの中火にかけ、10分ほど炒める。

2　玉ねぎが焦げ茶色になったらトマトを加え、
　トマトがつぶれてペースト状になるまで炒める。

3　弱火にして、Aと塩を加え、
　1分ほど炒め合わせる。

4　中火に戻し、ひき肉を加えて2分ほど炒めたら、
　ほうれん草とよくかき混ぜたヨーグルトを加え、
　ほうれん草がしんなりするまで1〜2分炒める（a）。

a

ヨーグルトは、かき混ぜて
なめらかにしてから
加えるとダマにならない

保存の目安
冷蔵5日
冷凍1か月

北海道のご当地カレー。旬の野菜を使ってアレンジしてみて

野菜たっぷりスープカレー おもてなし グルテンフリー

材料（2人分）

鶏もも肉（ひと口大に切る）・・・・・・・・・150g
玉ねぎ（みじん切り）・・・・・・・½個（約100g）
キャベツ（ざく切り）・・・・・・・・・・・・・・100g
にんじん（乱切り）・・・・・・・・・・・・・・・・100g
にんにく、しょうが（すりおろす）・・・各1かけ
ひきわり納豆（小粒でも可）・・・・・・・1パック
サラダ油・・・・・・・・・・・・・・・・・・・・大さじ1
塩・・・・・・・・・・・・・・・・・・・・・・・・小さじ½

A	コンソメ（キューブ）・・・・・・・・・・・・1個
	水・・・・・・・・・・・・・・・・・・・・・・・500㎖
	トマトジュース・・・・・・・・・・・・・・100㎖
	ターメリック・・・・・・・・・・・・・小さじ1
	クミン・・・・・・・・・・・・・・・・・・小さじ1
	コリアンダー・・・・・・・・・・・・・小さじ1
	シナモン（あれば）・・・・・・・・小さじ⅛
	ナツメグ（あれば）・・・・・・・・小さじ⅛

【トッピング】
さやいんげん（筋とヘタをとる）・・・・・・・6本
なす（薄切り）・・・・・・・・・・・・・・・・・・1個
ゆで卵（半分に切る）・・・・・・・・・・・・・・1個
パプリカ（細切り）・・・・・・・・・・・・・・・½個

作り方

1
フライパンにサラダ油をひき、
玉ねぎとにんにく、しょうがを入れて
中火にかけ、玉ねぎが飴色になるまで
5分ほど炒める。

2
鶏肉とキャベツ、にんじん、塩を加えたら、
鶏肉の表面が焼けるまで
3分ほど炒める（a）。

3
Aを加え、軽く混ぜる。
さらに納豆を加え混ぜ、沸騰したら
ふたをし、弱火にして15分ほど煮る。

煮終えたら味見して、物足りなければ
塩（分量外）で味を調えよう

4
別のフライパンに
サラダ油適量（分量外）をひいて
中火にかけ、トッピングの野菜と
塩少々（分量外）を入れ、
軽く炒め合わせたら、ふたをして弱火にし、
5分ほど蒸し焼きにする。

5
器に3を盛り、4とゆで卵をのせる。

a

MEMO

納豆をタレごと入れるのが隠し味！ほどよいとろみがついて豆の旨みも出ます。煮込めばにおいも気にならなくなりますよ。

保存の目安
冷蔵5日
冷凍1か月

西インドの代表的な酸味のあるカレーを簡単アレンジ！

簡単ポークビンダルー 　フライパン1つ　グルテンフリー

材料（2人分）

豚肩ロース肉 ・・・・・・・・・・・・・・・・・・・・・ 300g
玉ねぎ（厚さ1mm の薄切り）・ ½ 個（約100g）
トマト（ざく切り）・・・・・・・・・・ ½ 個（約100g）
にんにく、しょうが（すりおろす）・・・・ 各1かけ
サラダ油 ・・・・・・・・・・・・・・・・・・・・・・・・ 大さじ1

A
塩、砂糖 ・・・・・・・・・・・・・・・・・ 各小さじ1
コリアンダー ・・・・・・・・・・・・・・・・ 小さじ1
クミン ・・・・・・・・・・・・・・・・・・・・・・ 小さじ1
ターメリック ・・・・・・・・・・・・・・ 小さじ ½
シナモン（あれば）・・・・・・・・・・ 小さじ ¼
ナツメグ（あれば）・・・・・・・・・・ 小さじ ⅛

B
赤ワイン、酢 ・・・・・・・・・・・・・・・ 各25㎖
水・・・・・・・・・・・・・・・・・・・・・・・・・ 200㎖

粗挽き黒こしょう・・・・・・・・・・・・・・・・・・・適量
【 飾り用 】
パクチー（みじん切り）・・・・・・・・・・・・・適量

作り方

1 フライパンにサラダ油をひき、玉ねぎとにんにく、しょうがを入れて強めの中火にかけ、10分ほど炒める。

2 玉ねぎが焦げ茶色になったら、トマトを加え、トマトの実をつぶしながら炒め合わせる。

3 豚肉と**A**を加え、2分ほど炒める。

4 **B**を加え、沸騰したらふたをして弱火にし、10分ほど煮る。器に盛り、こしょうを振る。

赤ワインのアルコール感が気になる場合、最後にふたを開けて、2分ほど加熱する

本場のポークビンダルーはワインビネガーを使いますが、その風味をワインと酢で再現！
MEMO

保存の目安
冷蔵5日
冷凍1か月

タイのプーパッポンカレーを作ろうとして、思いついたレシピです

えびとふわふわ卵のカレー ＜フライパン1つ＞ ＜グルテンフリー＞

材料（2人分）

むきえび（冷凍）・・・・・・・・・・・・・・・・・150g
溶き卵・・・・・・・・・・・・・・・・・・・・・・・1個分
玉ねぎ（くし形切り）・・・・・・1/2個（約100g）
サラダ油・・・・・・・・・・・・・・・・・・・・・・大さじ1

A
┌ ココナッツミルク・・・・・・・・・・・・200mℓ
│ 水・・・・・・・・・・・・・・・・・・・・・・・・100mℓ
│ ナンプラー・・・・・・・・・・・・・・・・・小さじ2
│ 砂糖・・・・・・・・・・・・・・・・・・・・・小さじ1/2
│ クミン・・・・・・・・・・・・・・・・・・・・・小さじ1
│ コリアンダー・・・・・・・・・・・・・・・・小さじ1
│ ターメリック・・・・・・・・・・・・・・・小さじ1/2
└ シナモン（あれば）・・・・・・・・・小さじ1/8

【 飾り 】

パクチー・・・・・・・・・・・・・・・・・・・・・・適量

作り方

1 フライパンにサラダ油をひき、玉ねぎを入れて中火にかけ、3分ほど炒める。

2 玉ねぎがしんなりして透明になったら、えびとAを加える。沸騰したら、ふたをして弱火にし、10分ほど煮る。

3 溶き卵を加え、かき混ぜずに再びふたをして、1分ほど加熱したら優しくかき混ぜる（a）。卵がかたまったらすぐ火を止める。

a

MEMO
えびは煮込むので、解凍は不要です。ココナッツミルクは余ったら保存容器に入れて冷凍保存できます。

保存の目安
冷蔵5日
冷凍1か月

全ての材料を一緒に入れて、煮込むだけ！

ほったらかしさばカレー （小鍋1つ）（グルテンフリー）

材料（2人分）

さば缶（水煮）・・・・・・・・・・・・・2缶（約380g）
玉ねぎ（みじん切り）・・・・・・・・1個（約200g）
トマト（ざく切り）・・・・・・・・・・ 1/2個（約100g）
にんにく、しょうが（すりおろす）・・・・ 各1かけ
ココナッツミルク・・・・・・・・・・・・・・・ 200㎖
梅干し（種を除いて、小さくちぎる）・・・・・ 10g
コリアンダー・・・・・・・・・・・・・・・・・・小さじ1
クミン・・・・・・・・・・・・・・・・・・・・・・・小さじ1
ターメリック・・・・・・・・・・・・・・・小さじ1/2
シナモン（あれば）・・・・・・・・・・・小さじ1/4
塩・・・・・・・・・・・・・・・・・・・・・・・小さじ1/4〜

作り方

1 塩以外の全ての材料を小鍋に入れて
中火にかけ、沸騰したら
ふたをして弱火にし、20分ほど煮込む。

さば缶は汁ごと使う

2 ヘラでトマトがつぶれるほど
柔らかくなったら、塩で味を調える。

M E M O

使用するさば缶や梅干しによって塩分が違うため、最後に味を見ながら塩を加えます。手軽に作れるので、複数種類のカレーを作りたいときの一品におすすめ！

保存の目安
冷蔵5日
冷凍1か月

汁けのないカレーなので、お弁当やおつまみとしても大活躍！

カリフラワーのドライカレー

(フライパン1つ) (おつまみ) (お弁当) (グルテンフリー)

材料（2人分）

カリフラワー（小房に分け、小さく切る）
・・・・・・・・・・・・・・・ ½個（約250g）
にんにく（すりおろす）・・・・・・・・・・・ 1かけ
トマトケチャップ ・・・・・・・・・・・・・・ 小さじ2
　┌ オリーブオイル ・・・・・・・・・・・・ 大さじ1
　│ クミン ・・・・・・・・・・・・・・・・・・ 小さじ1
A│ コリアンダー ・・・・・・・・・・・・・ 小さじ1
　│ ターメリック・・・・・・・・・・・・・ 小さじ½
　└ 塩・・・・・・・・・・・・・・・・・・・ 小さじ¼

作り方

1　フライパンにAを入れて
　　あらかじめ混ぜておく。

　　　スパイスがムラなく材料に混ざるよ

2　残り全ての材料を入れて
　　中火にかけ、混ぜ合わせる。
　　2分ほど炒めたら、ふたをして弱火にし、
　　10分ほど蒸し焼きにする。

3　ふたを開け、カリフラワーの表面に、
　　焦げ目をつけるように炒める（a）。

a

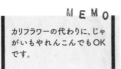

MEMO

カリフラワーの代わりに、じゃ
がいもやれんこんでもOK
です。

保存の目安
冷蔵5日
冷凍1か月

コルマカレーとは白いカレーという意味。鮮やかな野菜を入れると映えます！

ベジタブルコルマカレー <small>（小鍋1つ）（包丁いらず）（グルテンフリー）</small>

材料（2人分）

冷凍野菜ミックス
　（にんじん、ブロッコリー、カリフラワー、
　　いんげん、ヤングコーンなど）······ 200g
ヨーグルト（無糖）················· 150g
ココナッツミルク ··················· 150㎖
塩····························· 小さじ1
コリアンダー ···················· 小さじ2
クミン························· 小さじ1
シナモン（あれば）·············· 小さじ1/8

作り方

1　小鍋に全ての材料を入れ、
　　中火にかけてよく混ぜる。

2　沸騰したら弱火にし、10分ほど煮る。

MEMO

他の野菜ミックス（コーンや
グリーンピースが入っている
もの）で代用してもOK！
生野菜を使う場合は200g
ほどを、全てひと口大に切
り、柔らかくなるまで煮ましょ
う。

保存の目安
冷蔵5日
冷凍1か月

材料（2人分）

牛薄切り肉 ・・・・・・・・・・・・・・・・・ 200g
玉ねぎ（薄切り）・・・・・・・ ½個（約100g）
トマト（ざく切り）・・・・・・・・ 1個（約200g）
にんにく、しょうが（すりおろす）・・ 各1かけ
サラダ油 ・・・・・・・・・・・・・・・・ 大さじ1

A
| コリアンダー ・・・・・・・・・・ 小さじ2
| クミン ・・・・・・・・・・・・・・・・ 小さじ1
| ターメリック・・・・・・・・・・・ 小さじ½
| シナモン（あれば）・・・・・・ 小さじ⅛
| ナツメグ（あれば）・・・・・・ 小さじ⅛

B
| 水 ・・・・・・・・・・・・・・・・・・・・ 250㎖
| 酢 ・・・・・・・・・・・・・・・・・・ 大さじ1
| 塩、砂糖・・・・・・・・・・・・・ 各小さじ1

パクチー（みじん切り）・・・・・・・・・・・1株

作り方

1 フライパンにサラダ油をひき、玉ねぎとにんにく、しょうがを入れて中火にかけ、10分ほど炒める。

2 玉ねぎが焦げ茶色になったらトマトを加え、ヘラでトマトの実をつぶしながら炒める。

3 弱火にしてAを加え、1分ほど炒め合わせたら、牛肉とBを加え、ふたをして10分ほど煮込む。

4 器に盛り、パクチーをのせる。

パクチーがガツンと効いたエスニックカレー

牛肉とパクチーのカレー

（フライパン1つ）（おつまみ）（グルテンフリー）

保存の目安
冷蔵5日
冷凍1か月

Column ⑥
スパイスのぎもん
Q & A

読者の方からよく聞かれる、
スパイスに関する素朴な疑問にお答えします！

Q1
つくりおきすると、
スパイスの香りは
飛んでしまわない？

A 基本的には大丈夫。どうしても香りを
追加したい場合は、食べるときに、様
子を見ながらごく少量を足して
もOKです。

Q2
賞味期限が切れた
スパイスは使えますか？

A 賞味期限は、未開封時の期限なので、あ
まりあてになりません。ふたを開けたとき、香り
がするか確かめてみて。開封時より香りが弱
まっていると感じる場合、レシピの分量より
も少し増やすことを前提に、様子を
見ながら調整してください。

Q3
スパイス料理は、
味がぼやけてしまいます。

A スパイスは香りをつけるもので、塩味も
甘みもありません。味がぼやけてしまうと
きは、塩を足したり、汁けをしっかり
飛ばしてみてください。

Q4
スパイスは
どこで買うのがおすすめ？

A 日本のスーパーでOKです。産地によって
香りが多少異なります。私はインド産が好きです
が、お好みで選んでOK！ もし私と全く同じ
スパイスが欲しい場合は、こちらのスパイ
スショップでお求めください！
https://indocurry.thebase.in/

Q5
初心者は、どのスパイス から買えばいい？

A　おすすめはクミン。メイン料理に使うことが多いため、スパイスを使う楽しさがわかると思います。効能重視派は、ターメリック。自分がよく買う食材に合うスパイスから選んで始めてみるのもいいですね。

Q6
妊婦や小さい子どもが スパイスを摂取しても 大丈夫？

A　インドでは、どんな人でも食べています。ただ個人の体質やアレルギーにもよるので、どうしても気になる方は、主治医の意見に従ってください。

Q7
シナモンやナツメグは ホールスパイスでも 代用できる？

A　スパイスミルや削り器で、粉状にすれば代用できます（クミンはP29参照）。

Q8
香りが軽い、重いって どういう意味？

A　軽い香りと重い香りでは、香りの化学構造が違います。軽い香りのスパイス（コリアンダーなど）はテルペン類といって、加熱に弱く、揮発しやすい。だから、加熱しすぎると、香りが飛びます。一方、重い香りのスパイス（ナツメグやシナモンなど）はフェノール類といって、加熱に強く、長時間煮込んでも香りが持続しやすい特徴があります。

Q9
4人分作りたいときは、 レシピの量を単純に 倍にすればOK？

A　水以外は、基本的にOKです。食材の水分も相まって水っぽくなりがちなので、水だけは2人分の分量のまま作り、様子を見ながら少量ずつ足していくようにしてください。また、材料が増えると調理時間が長くなるため、炒めたり、煮込んだりする時間は変わります。

Q10
辛いのが苦手です。 スパイス料理は 食べられますか？

A　本書のおのこりスパイス5種には、辛味成分が含まれていません。辛くならないので安心してください。

印度カリー子（いんど・かりーこ）
スパイス料理研究家／
スパイス初心者のための専門店 香林館（株）代表取締役

「スパイスカレーをおうちでもっと手軽に」をモットーに、初心者のためのオリジナルスパイスセットの商品開発・販売をするほか、大手企業とのレシピ開発・マーケティング、コンサルティングなど幅広く活動。著書累計発行部数は40万部超、全18作（2024年6月現在）。1996年11月生まれ、仙台出身。2021年3月、食品科学の観点から香辛料の研究をしていた東京大学大学院農学生命科学研究科修了。JAPAN MENSA会員。Forbes JAPAN30 under 30「世界を変える30歳未満の30人」2021受賞。

スパイス専門店	https://indocurry.thebase.in/
X	@IndoCurryko
Instagram	@indocurryko

おのこりスパイス
5種で リピ決定おかず

著　者	印度カリー子
編集人	岡本朋之
発行人	倉次辰男
発行所	株式会社主婦と生活社

〒104-8357　東京都中央区京橋3-5-7
tel.03-3563-5130（編集部）
tel.03-3563-5121（販売部）
tel.03-3563-5125（生産部）
https://www.shufu.co.jp

製版所	東京カラーフォト・プロセス株式会社
印刷所	TOPPAN株式会社
製本所	株式会社若林製本工場

ISBN978-4-391-16224-0

STAFF

デザイン
遠矢良一

撮影
豊田朋子

スタイリング
阿部まゆこ

イラスト
タオカミカ

撮影協力
UTUWA

取材・文
丸山亮平（百日）

校閲
滄流社

編集
芹口由佳

落丁・乱丁の場合はお取り替えいたします。お買い求めの書店か、小社生産部までお申し出ください。
Ⓡ本書を無断で複写複製（電子化を含む）することは、著作権法上の例外を除き、禁じられています。本書をコピーされる場合は、事前に日本複製権センター（JRRC）の許諾を受けてください。また、本書を代行業者等の第三者に依頼してスキャンやデジタル化をすることは、たとえ個人や家庭内の利用であっても一切認められておりません。
JRRC（https://jrrc.or.jp　Eメール：jrrc_info@jrrc.or.jp　tel.03-6809-1281）

お送りいただいた個人情報は、今後の編集企画の参考としてのみ使用し、他の目的には使用いたしません。詳しくは当社のプライバシーポリシー（https://www.shufu.co.jp/privacy/）をご覧ください。